Breve tratado sobre Deus, o ser humano e sua felicidade

Dados Internacionais de Catalogação na Publicação (CIP)
(Câmara Brasileira do Livro, SP, Brasil)

Espinosa, Baruch de, 1632-1677
Breve tratado sobre Deus, o ser humano e sua felicidade / Baruch de Espinosa ; tradução de Flavio Quintale. – Petrópolis, RJ : Vozes, 2021. – (Coleção Vozes de Bolso)

Título original: Korte Verhandeling van God, de Mensch en deszelvs Welstand
Bibliografia.

2ª reimpressão, 2024.

ISBN 978-65-5713-010-0

1. Deus 2. Felicidade 3. Filosofia holandesa 4. Seres humanos I. Título. II. Série.

20-53129   CDD-199.492

Índices para catálogo sistemático:
1. Filosofia holandesa   199.492

Cibele Maria Dias – Bibliotecária – CRB-8/9427

Baruch de Espinosa

Breve tratado sobre Deus, o ser humano e sua felicidade

Tradução de Flavio Quintale

Vozes de Bolso

Tradução do original em neerlandês intitulado
Korte verhandeling van God, de mensch, en deszelvs welstand

O *Breve Tratado* foi publicado somente em 1862 por Van Vloten a partir de manuscritos encontrados em neerlandês, um do século XVII, outro do XVIII (reprodução do anterior). A versão original, escrita em latim, jamais foi encontrada. Spinoza, muito provavelmente, concluiu a redação do *Breve Tratado* em 1661 (Nota do tradutor).

© desta tradução:
2021, Editora Vozes Ltda.
Rua Frei Luís, 100
25689-900 Petrópolis, RJ
www.vozes.com.br
Brasil

Todos os direitos reservados. Nenhuma parte desta obra poderá ser reproduzida ou transmitida por qualquer forma e/ou quaisquer meios (eletrônico ou mecânico, incluindo fotocópia e gravação) ou arquivada em qualquer sistema ou banco de dados sem permissão escrita da editora.

CONSELHO EDITORIAL	PRODUÇÃO EDITORIAL
Diretor	Aline L.R. de Barros
Volney J. Berkenbrock	Marcelo Telles
	Mirela de Oliveira
Editores	Otaviano M. Cunha
Aline dos Santos Carneiro	Rafael de Oliveira
Edrian Josué Pasini	Samuel Rezende
Marilac Loraine Oleniki	Vanessa Luz
Welder Lancieri Marchini	Verônica M. Guedes
Conselheiros	**Conselho de projetos editoriais**
Elói Dionísio Piva	Luísa Ramos M. Lorenzi
Francisco Morás	Natália França
Gilberto Gonçalves Garcia	Priscilla A.F. Alves
Ludovico Garmus	
Teobaldo Heidemann	

Secretário executivo
Leonardo A.R.T. dos Santos

Editoração: Leonardo A.R.T. dos Santos
Diagramação: Sheilandre Desenv. Gráfico
Revisão gráfica: Alessandra Karl
Capa: Ygor Moretti

ISBN 978-65-571-3010-0

Este livro foi composto e impresso pela Editora Vozes Ltda.

Sumário

Advertência, 7

Primeira parte – De Deus e daquilo que lhe pertence, 9

Capítulo 1 Da existência de Deus, 11

Capítulo 2 O que Deus é, 13

Capítulo 3 Das obras imanentes de Deus, 26

Capítulo 4 Das obras necessárias de Deus, 28

Capítulo 5 Da providência divina, 31

Capítulo 6 Da predestinação divina, 32

Capítulo 7 Dos atributos que não pertencem a Deus, 35

Capítulo 8 Da Natureza naturante, 39

Capítulo 9 Da Natureza naturada, 39

Capítulo 10 O que são o bem e o mal, 40

Segunda parte – Do ser humano e daquilo que lhe pertence, 43

Prefácio à segunda parte, 45

Capítulo 1 Da opinião, da crença e do conhecimento, 46

Capítulo 2 Do que são a opinião, a crença e o conhecimento claro, 48

Capítulo 3 Da origem das paixões da opinião, 49

Capítulo 4 Do que deriva da crença (e do bem e do mal do ser humano), 51

Capítulo 5 Do amor, 54

Capítulo 6 Do ódio, 57

Capítulo 7 Da alegria e da tristeza, 60

Capítulo 8 Da estima e do desprezo, 60

Capítulo 9 Da esperança, do temor etc., 62

Capítulo 10 Do remorso e do arrependimento, 65

Capítulo 11 Do escárnio e do insulto, 66

Capítulo 12 Da honra, da vergonha e do descaramento, 67

Capítulo 13 Do favor, da gratidão e da ingratidão – Da lamentação, 68

Capítulo 14 Do bem e do mal nas paixões, 69

Capítulo 15 Do verdadeiro e do falso, 70

Capítulo 16 Da vontade, 72

Capítulo 17 A diferença entre vontade e desejo, 76

Capítulo 18 A utilidade da doutrina anterior, 78

Capítulo 19 Da felicidade eterna etc., 80

Capítulo 20 Demonstração do que se precedeu, 85

Capítulo 21 Da razão, 88

Capítulo 22 Do verdadeiro conhecimento, a regeneração etc., 88

Capítulo 23 Da imortalidade da mente, 90

Capítulo 24 Do amor de Deus ao ser humano, 91

Capítulo 25 Dos demônios, 95

Capítulo 26 Da verdadeira liberdade, 96

Apêndice, 101

Axiomas, 103

Da mente humana, 107

Notas, 113

Advertência[1]

Escrito primeiramente em latim por B.D.S. [Benedictus de Spinoza] para proveito de seus discípulos que desejavam dedicar-se ao estudo da *Ética* e da *verdadeira Filosofia*.

Traduzido agora em neerlandês para proveito dos amantes da *Verdade* e da *Virtude*: para que aqueles que se vangloriam de oferecer aos ingênuos seus dejetos, e excrementos, como se fossem âmbar cinza, tenham finalmente suas bocas caladas; e parem de profanar aquilo que ainda não compreendem: *Deus, a si próprios e a promoção do bem comum*; e para que os intelectualmente enfermos sejam curados pelo espírito de mansidão e tolerância, segundo o exemplo do *Senhor Jesus*, nosso melhor *mestre*.

Primeira parte
De Deus e daquilo que lhe pertence

Capítulo 1
Da existência de Deus

[**1**] Primeiro ponto: existe um Deus? Afirmamos que podemos demonstrá-lo primeiramente (ou *a priori*) do seguinte modo:

1) Tudo que entendemos clara e distintamente pertence à natureza[2] de uma coisa, que podemos afirmar também como a verdade da coisa:

Mas que a existência pertence à natureza de Deus, podemos entender clara e distintamente. Logo.

Ou, então, deste modo:

[**2**] 2) As essências das coisas são por toda a eternidade e devem permanecer imutáveis por toda a eternidade:

A existência de Deus é essência. Logo.

[**3**] (*a posteriori* ou) posteriormente do seguinte modo:

Se o ser humano tem uma ideia de Deus, Deus[3] deve existir formalmente: e o ser humano tem uma ideia de Deus. Logo.

[**4**] Demonstramos a premissa maior assim:

Se a ideia de Deus existe, sua causa deve existir formalmente e abarcar em si tudo que essa ideia contém objetivamente: mas existe a ideia de Deus. Logo.

[**5**] Para provar melhor esse silogismo, estabelecemos os seguintes princípios:

1) As coisas cognoscíveis são infinitas.

2) Um intelecto finito não pode compreender o infinito.

3) Um intelecto finito não pode nada por si mesmo sem ser determinado por uma cau-

sa externa, já que como não pode conhecer tudo ao mesmo tempo, não há potência de conhecer isso ou aquilo. Não tem nenhuma dessas potências, não pode nada por si mesmo.

[6] A questão primordial (ou maior) demonstra-se assim:

Se a imaginação humana fosse a única causa de sua ideia, não seria possível conhecer as coisas; mas o ser humano pode compreender algumas coisas. Logo.

[7] O primeiro argumento se demonstra por meio do princípio geral, pois, pelo primeiro princípio, *as coisas cognoscíveis são infinitas*, e, pelo segundo, um intelecto finito, como o humano, não pode compreender tudo, ele, se não é determinado por algo externo a entender isso antes daquilo, o aquilo antes disso, pelo terceiro princípio seria impossível que compreendesse alguma coisa.

[8] Disso segue a demonstração do segundo argumento[4]: a causa da ideia que o ser humano possui não é imaginação sua, mas algo externo, que o determina a entender isso ou aquilo. Essas coisas existem formalmente e são mais próximas do ser humano do que os outros seres, porque a essência objetiva do ser humano está em seu intelecto. Assim, se o ser humano tem uma ideia de Deus, é evidente que Deus deve existir formalmente, mas não eminentemente, pois, fora ou acima dele, não há nada de mais real e mais perfeito.

[9] Que o ser humano tenha a ideia de Deus é claramente verificável pelo fato de ele conhecer seus atributos[5], atributos que não podem ser produzidos por ele, já que é imperfeito. Mas que ele conhece esses atributos é evidente; na verdade, o ser humano sabe, por exemplo, que o infinito não pode ser formado de diversas partes finitas; que não existem dois infinitos, mas apenas um, que é perfeito e imutável. Sabe também que nada busca, por si mesmo,

a própria destruição e que o infinito não pode se tornar algo melhor[6], pois é perfeito, e, se mudasse, não o seria; e, finalmente, que não pode ser subordinado a outra coisa, pois é onipotente etc.

[**10**] De tudo isso, portanto, conclui-se claramente que a existência de Deus pode ser demonstrada tanto *a priori* quanto *a posteriori*. E muito mais *a priori*; de fato, as coisas que não se demonstram de tal modo, devem ser demonstradas recorrendo a causas externas, o que implica uma imperfeição evidente, pois não podem ser conhecidas a partir de si mesmas, mas somente devido a causas externas. Deus, porém, causa das causas, e também causa de si mesmo, dá-se a conhecer por si mesmo. Assim, cai por terra a afirmação de Tomás de Aquino de que Deus não pode ser demonstrado *a priori*, porque não tem causa.

Capítulo 2
O que Deus é

[**1**] Depois de demonstrarmos que Deus existe, é hora do ver o que Deus é; um ente do qual se pode afirmar tudo, isto é, um número infinito de atributos[7], cada um dos quais é infinitamente perfeito em seu gênero.

[**2**] Para expor nosso pensamento com clareza, estabelecemos quatro proposições:

1) Não existe uma substância finita[8], toda substância deve ser infinitamente perfeita em seu gênero, isto é, no intelecto infinito de Deus não pode existir nenhuma substância mais perfeita do que as já presentes na Natureza[9].

2) Não existem duas substâncias iguais.

3) Uma substância não pode produzir outra.

4) No intelecto infinito de Deus não há nenhuma substância que não exista formalmente na Natureza.

[3] Com relação à primeira proposição, ou seja, que *não existe substância finita* etc., se alguém quisesse defender o contrário, perguntaríamos se essa substância é limitada por si mesma, e se ela própria quis ser limitada, em vez de ilimitada. Ou melhor, se ela é limitada por sua causa, que não pôde, ou não quis lhe dar mais? [4] A primeira opção é falsa, porque é impossível que uma substância tenha querido limitar-se a si mesma, e, sobretudo, uma substância que existe por si mesma. Portanto, digo, deve ser limitada por sua causa que necessariamente é Deus. [5] Ora, se foi limitada por sua causa, foi porque a causa não pôde ou não quis lhe dar mais. Se não pôde, isso contraria a onipotência de Deus[10]. Se não quis, isso soa inveja, algo impossível em Deus, pleno de todo bem.

[6] A segunda proposição, que *não existem duas substâncias iguais*, demonstramos dizendo que toda substância é perfeita em seu gênero, já que se existissem duas substâncias iguais, uma necessariamente limitaria a outra e, logo, não seriam infinitas, como demonstramos.

[7] Com relação à terceira proposição, que *uma substância não pode produzir outra*, se alguém quisesse defender o contrário, perguntaríamos se a causa produtora dessa substância teria os mesmos atributos da que produziu ou não? [8] A segunda hipótese é impossível, pois do nada não pode sair nada. Resta apenas a primeira. Perguntamos, antes de qualquer coisa, se no atributo, que seria a causa do produto, a perfeição seria igual, menor ou maior do que o produto? Não pode ser menor, pelo que já foi explicado. Não pode ser maior, porque nesse caso seria limitada, e isso é justamente o contrário do que já demonstramos. Por isso, a perfeição deve ser igual e, consequentemente, as duas substâncias seriam iguais, o que, novamente, é o contrário do que já demonstramos. [9] Além disso, o que foi criado não pode ter sido criado do

nada, mas de algo que existe; contudo, não podemos compreender com nosso intelecto que a criatura possa ter saído de algo sem que esse algo não tenha sido minimamente diminuído. [10] Por último, se quisermos buscar a causa da substância, princípio das coisas que nascem do atributo, devemos, então, buscar a causa dessa causa e, novamente, a causa dessa causa *et sic in infinitum* (até o infinito), de modo que é preciso parar em algum ponto, em algum momento; é preciso parar, necessariamente, nessa substância única.

[11] A quarta proposição, que *no intelecto infinito de Deus não há nenhuma substância que não exista formalmente na Natureza*, demonstramos assim: (1) Com o poder infinito de Deus, o que faz com que não possa existir causa que o determine a criar uma coisa em vez de outra. (2) Com a simplicidade de sua vontade. (3) Pelo fato de Deus não poder se omitir em fazer tudo o que é bom (como demonstraremos adiante). (4) Pelo fato de que aquilo que não existe não pode começar a existir, já que uma substância não pode criar outra, ou melhor, no absurdo de existirem infinitamente mais substâncias não existentes do que existentes. [12] De tudo isso, segue-se que se afirma absolutamente tudo da Natureza, ou seja, que a Natureza é composta de atributos infinitos, cada um deles infinitamente perfeitos em seu gênero, o que satisfaz totalmente a definição que se dá de Deus.

[13] Do que dissemos até agora, que nada existe no intelecto infinito de Deus que não exista formalmente na Natureza, alguém pode objetar: Se Deus já criou tudo e não pode criar mais nada, isso contraria sua onipotência, o fato de Deus não poder criar nada. Logo. [14] Com relação ao primeiro ponto, admitimos que Deus efetivamente não pode criar mais nada. Com relação ao segundo, reconhecemos que se Deus não pudesse criar tudo que é suscetível de ser criado, isso contrariaria sua onipotência; mas não

admitimos que seja contrário à sua onipotência não poder criar aquilo que, em si mesmo, é contraditório, como o é dizer que criou tudo e poderia ainda criar alguma coisa. É uma perfeição de Deus certamente muito maior ter criado tudo que está em seu intelecto infinito, do que não ter criado, ou como dizem, não poder criar mais.

[15] A razão de insistir tanto nesse tema é que argumentam[11] ou devem argumentar do seguinte modo: se Deus sabe tudo, não pode saber mais nada; porém que Deus não possa saber mais nada é contrário à sua perfeição. Logo. Se Deus tem tudo em seu intelecto infinito e, por sua infinita perfeição, não pode saber mais nada, por que não podemos dizer que produziu e fez tudo que há em seu intelecto de tal modo que exista ou existirá formalmente na Natureza?

[16] Sabemos, pois, que tudo é igual no intelecto infinito de Deus e que não há motivo para ter criado uma coisa antes ou depois da outra, e tudo poderia ter sido criado em um mesmo instante; veremos, de nossa parte, se não podemos usar contra nossos adversários as mesmas armas que usam contra nós, assim: Se Deus não pode criar, se resta algo a criar, não pode mais criar, de fato, aquilo que pode criar; mas se Ele não pode criar aquilo que pode criar, é uma contradição. Logo.

[17] As razões pelas quais afirmamos que todos os atributos que estão na Natureza são um único ser e não diversos entes, e a partir do momento que podemos compreender clara e distintamente um sem o outro, são as seguintes:

1) Porque já descobrimos que deve existir um ente infinito e perfeito, pelo qual não se pode entender nenhum outro, um ente tal, que dele tudo deve ser absolutamente afirmado. Um ente, na verdade, que tem certa essência, deve ter atributos e quanto mais essência se atribui, mais

atributos lhe pertencem, pelo que, se esse ente é infinito, deve ter um número infinito de atributos e, por esse motivo, o chamamos de ente perfeito.

2) Pela unidade que vemos em toda a Natureza, na qual, se houvesse outros seres, não poderiam unir-se entre si[12].

3) Porque, como já vimos que uma substância não pode produzir outra, assim, portanto, se uma substância não existe, é impossível que comece a existir[13]. Entretanto, em nenhuma das substâncias que sabemos existir na Natureza, quando as consideramos como substâncias separadas, não encontramos nenhuma possibilidade de existência, de modo que a existência não pertence às suas essências tomadas separadamente: disso deve necessariamente seguir que a Natureza, que não nasce de nenhuma causa e da qual, contudo, bem sabemos que existe, deve ser um ente perfeito ao qual pertence a existência.

[18] De tudo que dissemos até aqui, evidencia-se que afirmamos ser a extensão um atributo de Deus, o que parece incompatível com a essência de um ente perfeito, pois, já que a extensão é divisível, o ente perfeito seria composto de partes, o que parece incompatível com Deus, que é um ente simples. Além disso, a extensão, quando dividida, encontra-se em estado passivo, o que é novamente incompatível com a essência de Deus, que não é passivo e não pode receber nada de outro, uma vez que Ele mesmo é a primeira causa eficiente de todas as coisas.

[19] Ao que respondemos: (1) Que o todo e a parte não são entes verdadeiros ou reais, mas entes de razão, pois na Natureza[14] não existem nem tudo, nem partes. (2) Uma coisa composta de diversas partes deve ser como as suas partes; tomadas separadamente, podem ser concebidas e entendidas, uma independente da outra. Em um relógio, por exemplo, composto

de diversos discos, cordas e outras peças, cada corda e cada disco etc. podem ser concebidos e entendidos separadamente, independente do todo. Igualmente na água, composta de partículas retas e oblongas, as partes podem não só serem concebidas e entendidas, mas também subsistirem sem o todo. Mas da extensão, que é uma substância, não se pode dizer que tenha partes, porque ela não pode tornar-se menor ou maior e nenhuma de suas partes pode ser pensada separadamente e em si mesma, porque ela é infinita em sua natureza. E que a extensão deva ser assim, é pelo fato de que se não fosse assim, mas constituída de partes, ela não seria infinita em sua natureza, pois em uma Natureza infinita é impossível haver partes, já que todas as partes, por sua natureza, devem ser finitas.

[20] Ainda, se a extensão fosse composta de partes distintas, se poderia supor que, aniquilada alguma dessas partes, a extensão ainda assim subsistiria e não seria destruída pelo aniquilamento de algumas de suas partes; algo claramente contraditório em uma essência que, pela própria natureza, é infinita e não pode jamais ser finita ou limitada ou concebida como tal.

[21] Além do mais, com relação às partes da Natureza, como já dissemos, elas não pertencem à própria substância, mas apenas e tão somente aos modos da substância, de maneira que se divido a água, divido apenas o modo da substância, não a própria substância, que, seja da água, seja de qualquer outra coisa, é sempre a mesma.

[22] Assim, a divisão e a passividade pertencem, portanto, somente ao modo: se dissermos que o ser humano perece ou é destruído, isso se entende somente com relação ao ser humano, enquanto composto e modo da substância, não com relação à própria substância da qual ele depende. [23] Além disso, já afirmamos e repetimos que nada é fora de Deus e que Ele é causa imanente. A passividade, ao

contrário, na qual o paciente e o agente são distintos um do outro, é uma imperfeição evidente, pois o paciente deve necessariamente depender daquilo que, fora dele, determina nele um padecimento, o que não pode existir em Deus, ser perfeito. [24] Além do mais, em se tratando de um agente que age em si mesmo, pode-se dizer que Ele não pode ter a imperfeição de um ser passivo, uma vez que não sofre ação de outro. Assim também o intelecto que, como dizem os filósofos, é causa de seus conceitos; mas como é causa imanente, quem poderia dizer que é imperfeito enquanto ele mesmo é causa de seu padecer? [25] Finalmente, a substância, sendo o fundamento primário de todos os seus modos, pode-se dizer, com maior justeza, ser mais agente do que paciente. Assim, acreditamos ter suficientemente respondido tudo.

[26] Contudo, aqui se objeta ainda que existe uma causa primeira que faz mover esse corpo, pois, por si mesmo, não pode mover-se quando está em repouso e, como é evidente que na Natureza há movimento e repouso, deve existir, necessariamente, pensam eles, uma causa externa de onde se originam. [27] Mas é fácil responder. Concedamos que, de fato, se o corpo fosse uma coisa existente por si e não tivesse outra propriedade além de comprimento, largura e profundidade, nesse caso, quando estivesse em repouso, não haveria nele nenhuma causa que pudesse levá-lo ao movimento; mas, como dissemos anteriormente, que *a Natureza é um ser ao qual pertencem todos os atributos*, nada pode faltar para produzir tudo o que ela produz.

[28] Depois de termos tratado da essência de Deus, devemos falar brevemente de seus atributos, dos dois que são percebidos, pensamento e extensão, uma vez que falamos apenas dos atributos que podem ser verdadeiramente chamados de atributos de Deus, os quais não conhecemos em si mesmos e que agem fora de si.

[29] Tudo que os seres humanos atribuem a mais a Deus, além desses dois atributos, e que efetivamente se adiciona, deve ser uma denominação extrínseca; por exemplo, ele existe por si mesmo, é único, eterno, imutável etc., ou, então, com relação às suas ações, por exemplo, é causa, predestina e regula todas as coisas. Tudo isso, na verdade, é próprio de Deus, mas não permite conhecer o que Ele é. [30] Como tais atributos podem ser encontrados em Deus é o que explicaremos no próximo capítulo. Mas, para compreender melhor o que precede e introduzir o que se seguirá, achamos oportuno servirmo-nos das seguintes reflexões que consistem em um[15]

Diálogo entre o intelecto, o amor, a razão e a concupiscência

[1] AMOR: Vejo, irmão, que meu ser e minha perfeição dependem absolutamente da sua perfeição e que a sua perfeição, da qual depende a minha, é a própria perfeição do objeto que você concebeu. Diga-me, por favor, se você concebeu um ente que seja sumamente perfeito, que não pode ser limitado por nada e no qual eu mesmo estou incluído.

[2] INTELECTO: Para mim, só existe a Natureza em sua totalidade que eu conceba como infinita e sumamente perfeita; se tem dúvidas quanto a isso, consulte a Razão, ela responderá.

[3] RAZÃO: Para mim, é uma verdade indubitável, pois se quisermos limitar a Natureza, deveríamos, e isso seria um absurdo, limitá-la ao Nada e a esse Nada atribuir a unidade, a eternidade, a infinitude, a onipotência etc. A Natureza, sendo infinita, tudo está incluído nela; sua negação chamamos de Nada.

[4] CONCUPISCÊNCIA: Certíssimo. Encaixa-se maravilhosamente na unidade e na variedade

que vejo por toda parte na Natureza. De fato, vejo que a substância pensante não tem nada em comum com a substância extensa e que uma limita a outra. [5] E se vocês, além dessas duas substâncias, colocarem uma terceira que seja absolutamente perfeita, cairiam em evidente contradição, pois se essa terceira substância está fora das outras duas, ela é privada de todas as propriedades que pertencem àquelas duas; coisa impossível em um tudo, fora do qual nada pode existir. [6] Ademais, se esse ser é onipotente e perfeito, é por causa de si mesmo, e não porque produziu outro ser. No entanto, de qualquer modo, seria mais onipotente se fosse capaz de produzir a si mesmo e outra coisa. [7] Por fim, se vocês o chamarem onisciente, é necessário que ele conheça a si mesmo; e ao mesmo tempo devem consentir que o conhecimento, que ele tem de si mesmo, seja menor do que o conhecimento de si mesmo unido às outras substâncias. Mas tudo isso são contradições manifestas. Por isso, aconselho ao Amor de se ater ao que eu disse e não buscar outras coisas.

Amor: O que você demonstrou, infame, vai me levar à ruína! Com razão, se eu me unisse ao objeto que você apresentou, seria imediatamente perseguido pelos dois inimigos do gênero humano, o ódio e o arrependimento e, ainda mais, pelo esquecimento. Por isso, torno à Razão, pois ela avança e cala a boca desses inimigos.

[9] Razão: O que você diz, Concupiscência, que existem mais substâncias distintas, digo-lhe que é falso, pois vejo claramente que existe somente uma substância que existe por si e sustenta todos os atributos. Se eu chamar de substância o corpóreo e o intelectual com relação ao modo que dependem, é preciso também chamá-los modos com relação à substância da qual dependem, pois eles não são concebidos por você como existentes em si mesmos, ou, da mesma maneira, como o querer, o sentir, o entender, o amar etc., são modos diferentes do que você chama

de substância pensante, a que você os relaciona, fazendo de tudo uma única coisa. Concluo, seguindo sua argumentação, que a extensão infinita, o pensamento infinito e outros atributos infinitos (ou como você diz, substâncias) não são, senão, os modos desse ser único, eterno, infinito e existente por si mesmo; e, de todos esses modos, como eu disse, estabelecemos um Uno e uma Unidade, fora dos quais não se pode conceber mais nada.

[**10**] Concupiscência: Vejo enorme confusão no seu discurso. Parece inverdade que queira que tudo seja algo de fora ou sem suas partes, o que é absurdo, pois todos os filósofos concordam e admitem que *o tudo é uma noção segunda e que na Natureza não existe nada de real, fora da concepção humana.* [**11**] Além disso, como agora vejo pelo seu exemplo, você confunde o tudo com a causa, pois, como digo, *o tudo existe somente nas e por suas partes,* enquanto você julga o poder pensante como algo dependente da inteligência, do amor etc., de maneira que você não pode chamá-la de tudo, ainda que ela seja uma causa da qual dependem todos esses efeitos.

[**12**] Razão: Vejo bem que você está invocando todos os seus amigos contra mim; e o que não consegue com falsas reflexões, tenta compensar com a ambiguidade das palavras, como, em geral, é de costume dos que se opõem à verdade. Mas, dessa maneira, não conseguirá trazer o Amor para o seu lado. Diga, então, que a causa, enquanto produtora de seus efeitos, deve estar fora deles. Diga isso, pois você conhece apenas a causa transitória e não a causa imanente, que não produz nada fora de si mesma. Por exemplo, o intelecto é causa de seus conceitos e, por isso, enquanto seus conceitos dependem dele, chamo-o de causa; e, enquanto se compõe de seus conceitos, chamo-o de tudo. Caso contrário, vem de Deus que, em relação aos seus efeitos ou criaturas, não é, senão,

a causa imanente e, pela segunda consideração, pode ser chamado de um tudo.

Segundo diálogo em função do que se precede e da segunda parte, que continua entre Erasmo e Teófilo

ERASMO: Ouvi dizer, Teófilo, que Deus é causa de todas as coisas e, por essa razão, não pode ser, senão, causa *imanente*. Se, então, é *causa imanente* de todas as coisas, como pode ser causa remota? Posto que isso é impossível para a causa imanente.

TEÓFILO: Ao dizer que Deus é causa remota, não pretendo falar das coisas que Deus produziu imediatamente, sem nenhum outro meio que a própria existência. Não entendo essa expressão em sentido absoluto, coisa que você poderia facilmente compreender pelas minhas palavras, pois disse que não se pode nomear causa próxima, senão de certo ponto de vista.

ERASMO: Entendo o que quer dizer, mas, ao mesmo tempo, você disse, recordo-me, que o efeito de uma causa interna permanece de tal modo unido à sua causa que faz um todo, junto com ela. Entretanto, se é assim, parece-me que Deus não pode jamais ser causa imanente; na verdade, se Deus e tudo produzido por Ele formam um tudo, você atribui a Deus mais essência em um momento do que outro. Tire-me essa dúvida, por favor.

TEÓFILO: Para resolvermos essa problemática, ouça bem, Erasmo, o que tenho a dizer. A essência de uma coisa não é aumentada da união com outra coisa quando faz um tudo com ela, mas, pelo contrário, permanece inalterada também nessa união. [5] Para que você me compreenda melhor, darei o seguinte exemplo: um escultor entalhou em madeira diversas formas semelhantes ao corpo humano. Ele pega uma delas, que tem a forma de um tórax humano e une a outra que tem a forma de uma cabeça humana e, delas, faz um todo que representa a parte superior do corpo humano. Você diria que a essência dessa cabeça aumentou ao ser unida ao tórax? De maneira nenhuma, é a mesma de antes.

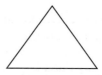

[6] Para ficar ainda mais claro, darei outro exemplo: Tenho a ideia de um triângulo e, ao mesmo tempo, de uma figura que nasce da prolongação do lado de um de seus três ângulos; prolongação que necessariamente faz surgir um novo ângulo igual aos dois ângulos internos opostos etc. Digo, assim, que essa ideia não produziu uma nova, ou seja, a soma dos três ângulos de um triângulo é igual a dois ângulos retos. Ora, essa nova ideia é tão unida a primeira que, sem ela, não pode existir, nem ser concebida. [7] De todas as ideias que se pode ter, formamos um todo ou, o que não muda nada, um ente de razão que chamamos intelecto. Veja que, ainda que essa nova ideia esteja ligada à precedente, não pode, contudo, produzir nenhuma mudança na essência da outra, que permanece a mesma, sem nenhuma alteração por mínima que seja; o mesmo vale também para o amor a uma ideia, ele não acrescenta nada à essência da ideia. [8] Mas por que buscar tantos exemplos? Você mesmo pode constatá-los pelo que falamos e, lhe falei claramente, que todos os atributos que não dependem de outra causa e não se definem com ajuda de algo mais elevado, pertencem à essência de Deus; e, como as coisas criadas não são capazes de formar um atributo, não aumentam a essência de Deus, mas se unem a ela.

[9] Acrescenta-se que o todo é apenas um ente de razão e não é diferente do universal, a não ser pelo fato de que o universal é expresso por diversos indivisíveis não unidos e do mesmo gênero, enquanto o todo, pelos diferentes indivisíveis unidos; e também porque enquanto o universal abrange apenas partes do mesmo gênero, o todo, ao contrário, abrange partes tanto do mesmo quanto dos diferentes gêneros.

[10] ERASMO: Com relação a esse ponto me dou por satisfeito. Contudo, você disse que o produto de uma causa interna não pode perecer enquanto permanecer na causa, o que me parece certamente verdadeiro. Se for assim, porém, como Deus pode ser causa imanente de todas as coisas, se muitas perecem? Você dirá, sem dúvida, segundo sua distinção precedente, que Deus é propriamente causa, somente dos efeitos produzidos por Ele imediatamente, por meio de seus atributos, independentemente de qualquer circunstância, e, consequentemente, até que persista sua causa, os efeitos não podem perecer. Além disso, você reconhece Deus como causa interna dos efeitos, cuja existência não depende imediatamente dele, mas se origina de outras causas, unicamente enquanto as causas não ajam e não possam agir sem Deus e fora dele. Daí, tais efeitos, não sendo produtos imediatos de Deus, podem perecer. [11] Mas isso não me deixa satisfeito, porque me parece que você conclui, dessa forma, que o intelecto humano é imortal, enquanto efeito que Deus produziu em si mesmo. Nesse caso, é impossível que pela produção de tal intelecto tenha sido preciso algo além dos atributos de Deus, pois uma essência com tamanha perfeição deve propriamente ser, como todas as outras coisas dependentes imediatamente de Deus, criada desde a eternidade. Se não me engano, ouvi você mesmo dizer isso, e, se é assim, como você pode se desenrolar desse imbróglio?

TEÓFILO: É verdade, Erasmo, que as coisas que não necessitam, para existirem, de nada além dos atributos de Deus, foram criadas imediatamente por Ele desde a eternidade. Mas é importante sublinhar que, ainda que para a existência de uma coisa possa ser necessário que se combinem uma modificação (*modificatio*) particular e uma causa exterior aos atributos de Deus, todavia, Deus não cessa de poder produzir imediatamente tal coisa. De fato, entre as diversas condições necessárias para fazer uma coisa existir, umas são necessárias para produzir a coisa, as outras para que a coisa possa ser produzida. Por exemplo: se quero luz em um quarto, ou acendo a lâmpada, e essa lâmpada ilumina por si mesma o quarto, ou abro a janela, que por si mesma não produz luz; mas, contudo, permite que a luz possa entrar no recinto. Ainda, pelo mesmo motivo, o movimento de um corpo requer necessariamente movimento de outro corpo, que deve possuir todo o movimento a ser passado para o primeiro. Para produzir uma ideia de Deus em nós, porém, não há necessidade de nada singular, algo que tenha já dentro de si aquilo que produz em nós, mas apenas de um corpo na Natureza, no qual a ideia é necessária, para nos mostrar Deus imediatamente. Você poderia ter chegado a essa conclusão pelas minhas palavras, pois lhe disse que somente Deus é conhecido por si mesmo e não por meio de outra coisa. [13] E mais, enquanto não temos uma ideia clara de Deus, que se una a Ele de modo que seja impossível amar alguma coisa fora dele, não podemos dizer estar realmente unidos a Deus e depender imediatamente dele. Se você tem ainda algo a me perguntar, ficará para a próxima; tenho obrigações que me chamam. Adeus.

[14] Erasmo: Por ora não tenho nada a perguntar, mas pensarei sobre o que você me disse até o próximo encontro. Fique com Deus.

Capítulo 3
Das obras imanentes de Deus

[1] Devemos agora começar a ocupar-nos dos atributos de Deus que chamamos pró-

prios[16] e, sobretudo, de Deus considerado como causa de todas as coisas. Já dissemos que uma substância não pode produzir outra e que Deus é um ente do qual se afirmam todos os atributos; daí segue-se, claramente, que todas as outras coisas não podem existir, nem serem concebidas, sem ou fora de Deus. Por isso, podemos afirmar com total razão que Deus é causa de tudo.

[2] Como costuma e habitualmente divide-se a causa eficiente em oito partes, vejamos em quantos modos Deus é causa.

1) É uma causa emanativa ou produtiva de suas obras e, logo que acontece essa ação, causa eficiente ou ativa; o que apresentamos como coisa única, porque são recíprocas.

2) É uma causa imanente, não transitiva, porque opera tudo dentro de si, não fora; nada, na verdade, é fora dele.

3) Deus é uma causa livre, não natural, como demonstraremos quando tratarmos da questão se Deus pode não fazer aquilo que faz e, com isso, explicaremos em que consiste a verdadeira liberdade.

4) Deus é causa por si e não por acidente, o que ficará mais claro quando tratarmos da predestinação.

5) Deus é causa principal de suas obras criadas imediatamente – por exemplo, o movimento da matéria etc. – nas quais a causa menos principal não pode existir, pois ela não se manifesta, senão nas coisas particulares, como quando Deus seca o mar com um vento violento e, consequentemente, todas as coisas particulares que estão na Natureza.

A causa menos principal-inicial não está em Deus, porque nada está fora dele, nem pode coagi-lo. A causa predisponente, por outro lado, é sua própria perfeição, em virtude da qual é causa de si mesmo e, por consequência, de todas as outras coisas.

6) Deus é somente causa primeira ou inicial, como mostrou a demonstração precedente.

7) Deus é, nesse sentido, causa universal, mas somente porque produz diversas obras, de outra maneira não poderia ser designado assim, já que não necessita de nada para produzir efeitos.

8) Deus é causa próxima das coisas infinitas e imutáveis, que dizemos serem criadas por Ele imediatamente. Mas é também causa última, unicamente com relação a todas as coisas particulares.

Capítulo 4
Das obras necessárias de Deus

[1] Negamos que Deus possa não fazer aquilo que faz; demonstraremos quando tratarmos da predestinação. Mostraremos que todas as coisas decorrem de suas causas de modo necessário. [2] Isso, porém, pode ser demonstrado também com a perfeição de Deus, uma vez que não há dúvida de que Deus possa produzir; na realidade, todas as coisas são perfeitas como concebidas em sua ideia. E, como as coisas concebidas por Ele não podem ser concebidas mais perfeitamente de como Ele as concebe, assim, todas as coisas não podem ser concebidas mais perfeitamente por Ele. Além disso, quando concluímos que Deus não pode não fazer o que fez, o afirmamos devido à sua perfeição, pois seria imperfeição em Deus poder não fazer o que faz, sem, contudo, atribuir a Deus uma causa inicial menos principal que o teria impelido à ação, pois, nesse caso, não seria Deus.

[3] Comecemos com a questão se Deus pode renunciar a fazer aquilo que está na sua ideia, e que pode fazer de modo sumamente perfeito, e se é uma perfeição, nele, poder renunciar.

Dizemos que todas as coisas que ocorrem são produtos de Deus; elas devem, assim, ser predeterminantes nele de modo necessário, caso contrário, Ele seria passível de mudança, o que seria uma imperfeição. Ademais, essa predeterminação deve estar nele desde a eternidade, em que não há nem um antes, nem um depois. Por consequência, Deus não pôde predestinar as coisas diferentemente de como elas são desde a eternidade e Deus não podia existir nem antes, nem sem essa determinação.

[4] Ainda, se Deus se omitisse em produzir algo, isso deveria vir ou de uma causa nele ou sem uma causa. Se a primeira hipótese fosse verdadeira, seria uma necessidade para Ele se omitir em fazer; e se a segunda fosse verdadeira, seria uma necessidade não se omitir, o que é claro por si mesmo. Além disso, em uma coisa criada, a existência é perfeita, existência produzida por Deus, pois de todas as imperfeições, a maior, é não existir. Sendo o bem a perfeição de todas as coisas por vontade de Deus, se Deus não quisesse a existência dessas coisas, seu bem e perfeição constituiriam em não existir, o que é contraditório. Por essa razão, negamos que Deus possa omitir-se em fazer aquilo que faz.

[5] Alguns consideram isso como uma imperfeição e uma injustiça contra Deus; erro que nasce apenas do fato de que não compreendem corretamente em que consiste a verdadeira liberdade, a qual não pode, de modo algum, ser identificada, como se imagina, no poder fazer ou omitir o bem ou o mal. A verdadeira liberdade não é, senão, a primeira causa, não coagida nem constrangida por nenhuma outra, é causa de toda perfeição apenas em virtude de sua perfeição. Consequentemente, se Deus se omitisse em fazê-la, não seria de fato o ente perfeito, pois poder omitir-se em fazer nas próprias obras um bem ou perfeição é incompatível com sua natureza, já que implicaria em alguma deficiência.

Que Deus, portanto, seja a única causa livre, não é somente pelo que já dissemos, mas também porque não existe fora dele uma causa externa que possa coagi-lo ou exercer pressão sobre Ele; isso não se verifica entre as coisas criadas.

[6] Contra o que expusemos, argumenta-se que o bem é bem apenas porque Deus quis e, assim, Deus pode fazer com que o mal se torne bem. É como se eu justamente dissesse que Deus quer ser Deus e por isso é Deus e, consequentemente, pode não ser Deus, o que é um absurdo por excelência. Ademais, quando os seres humanos fazem uma ação e se perguntamos por que a fazem, eles respondem, "Porque a justiça pede", e se perguntamos novamente, "Por que a justiça, ou melhor, a causa primeira de todas as coisas justas pede tais ações?", eles respondem, "porque a justiça quer". Mas, então, a justiça poderia renunciar a ser justiça? Não, pois, nesse caso, não seria mais justiça. E embora os que dizem que Deus faz tudo, e faz porque essas coisas são boas em si, pensam que elas não são diferentes de nós, na verdade, diferem muito; na verdade, pressupõem um bem que obriga e vincula Deus a desejar que tal coisa seja boa e tal coisa seja justa.

[7] Surge, então, uma nova questão. Se todas as coisas fossem criadas diferentemente, dispostas desde a eternidade e predeterminadas em ordem diversa daquela em que estão, Deus seria tão perfeito como é agora? É preciso responder, com relação a isso, que se a Natureza tivesse sido criada desde a eternidade de modo diferente da ordem atual, então, segundo a posição dos que atribuem a Deus um intelecto e uma vontade, Deus teria outro intelecto e outra vontade e, assim, teria feito as coisas diferentemente de como são agora. Dessa maneira, se admitimos que Deus é, agora, o ser perfeito, somos obrigados a dizer que Ele não seria o que é, se tivesse criado diferentemente todas as coisas. Afirmação das mais absurdas, que não pode, de modo algum, ser atribuída a Deus, que agora, antes e por toda a eternidade, é, foi e será sempre imutável.

[8] Essas consequências são decorrência da análise que fizemos da causa livre, que não consiste no poder agir o não agir, mas somente em relação a não depender de nada, de modo que tudo o que Deus faz, é feito e produzido por Ele como a causa mais livre de todas. Se Deus tivesse feito, antes, assim, as coisas diferentemente de como são agora, teria sido certamente imperfeito em algum momento, o que é falso. De fato, Deus sendo a causa primeira de todas as coisas, deve ter em si alguma coisa que o impila a fazer o que faz e não pode não fazer e, como nada o impele a agir que não seja a sua própria perfeição, concluímos que, se sua perfeição não o tivesse feito agir assim, as coisas não existiriam e não teriam começado a existir do modo que existem. Isso equivale a dizer que se Deus fosse imperfeito, as coisas seriam diferentes de como são.

[9] Isso com relação ao primeiro atributo que chamamos propriamente de Deus; passaremos ao segundo para ver o que temos a dizer, procedendo assim até o fim.

Capítulo 5
Da providência divina

[1] O segundo atributo, que dizemos ser próprio (ou *proprium*), é a providência, que para nós não é outra coisa senão o esforço que descobrimos em toda a Natureza e em todas as coisas particulares, que tende à manutenção e à conservação do próprio ser. De fato, é evidente que nada tende, por sua natureza, à destruição; mas, ao contrário, tudo tem em si mesmo o esforço a conservar-se e buscar o melhor. [2] De acordo com essa definição, dizemos que há uma providência universal e uma providência particular. A providência universal é aquela pela qual tudo é produzido e conservado como parte de toda a Natureza. A providência particular é, ao contrário, o esforço

de cada coisa a conservar a si mesma, não como parte do todo, mas enquanto é considerada, ela mesma, um todo. Explicamos isso com o seguinte exemplo: todos os membros de um ser humano lhes são predispostos e providos enquanto partes de um ser humano, essa é a providência universal; o esforço que sustém todos os membros particulares, considerado como um todo e, não, parte do corpo, para sua conservação e a manutenção do seu bem-estar, é a providência particular.

Capítulo 6
Da predestinação divina

[1] A terceira propriedade é a predestinação divina. Demonstramos:

1) Que Deus não pode fazer menos do que aquilo que faz, ou seja, que criou todas as coisas tão perfeitamente que não poderia ser mais perfeito.

2) Ainda, nada pode existir, nem pode ser compreendido sem Ele.

[2] Em primeiro lugar, devemos perguntar-nos se na Natureza há coisas contingentes, que podem ou não existir. E, em segundo lugar, se existe algo que não podemos indagar a razão de existir.

Eis como demonstramos que não há coisas contingentes: tudo que não tem causa de existência é impossível que exista, mas tudo que é contingente não tem causa. Logo. Quanto à premissa maior não há dúvida; a segunda, demonstramos assim: se uma coisa contingente tem uma causa certa e determinada de existência, deve necessariamente existir; mas que uma coisa seja ao mesmo tempo contingente e necessária é contraditório. Logo.

[3] Alguém dirá, talvez, que o contingente não tem uma causa certa e determinada, mas

somente contingente. Se fosse assim, deveria ser ou em sentido dividido, *in sensu diviso*, ou em sentido composto, *in sensu composit*; no primeiro sentido, a existência de tal causa é contingente, mas não enquanto é causa; no segundo sentido, ao contrário, o contingente é algo (bem necessário na Natureza) que se torna causa produtora de algo contingente. Ambas as hipóteses são falsas. Quanto à primeira, de fato, se o contingente é assim apenas porque sua causa é contingente, então essa causa também deve ser contingente, porque tem, por sua vez, algo contingente e assim sucessivamente até o infinito, *et sic in infinitum.*

E como se viu que *tudo depende da causa única*, também essa causa deveria ser contingente, o que é manifestamente falso.

Quanto à segunda hipótese, se essa causa não fosse determinada a produzir ou a omitir uma em vez da outra, seria impossível que ela pudesse produzir ou omitir essa causa, o que é justamente contraditório.

[4] No que concerne à segunda questão, se existe algo na Natureza de que não se pode indagar a existência, ou seja, algo que devemos buscar a causa de sua existência; na verdade, sem essa causa, esse algo não existiria. Ora, essa causa deve ser buscada ou na coisa ou fora dela. Se alguém pedir uma regra para fazer tal busca, dizemos que não há necessidade; se a existência, de fato, pertence à natureza da coisa, é certo que não devemos buscá-la fora da causa. Se não for assim, devemos buscar a causa fora dela. Como a primeira hipótese se verifica somente em Deus, prova-se assim (como já demonstramos) que apenas Deus é a causa primeira de todas as coisas. [5] Disso, segue-se também que uma ou outra volição do ser humano (porque a existência de sua vontade não pertence à sua essência) deve ter uma causa externa, da qual ela é necessariamente causada. Isso, aliás, se conclui do

que acabamos de dizer neste capítulo e ficará ainda mais evidente quando tratarmos e discorrermos, na segunda parte, da liberdade humana.

[6] Contra tudo isso, alguns levantam a seguinte objeção: como é possível que Deus, sumamente perfeito, causa única ordenadora e provedora de todas as coisas, permita que, por toda parte, reine a desordem na Natureza? Por que não criou o ser humano sem a capacidade de pecar?

[7] Quanto à primeira objeção, da desordem na Natureza, não se pode afirmar com certeza, já que ninguém conhece a causa de todas as coisas para poder julgar. Essa objeção nasce da ignorância, que coloca ideias universais, com as quais pensamos que as coisas particulares devam estar conformes para serem perfeitas. Colocam essas ideias no intelecto divino, pois muitos seguidores de Platão disseram que essas *ideias nomeadamente universais* (por exemplo, do *animal racional* etc.) *foram criadas por Deus*. E ainda que os aristotélicos digam que tais ideias não existem, mas são apenas entes de razão, eles mesmos, entretanto, as consideram, pois, como coisas reais, e como disseram expressamente que a providência não se ocupa dos indivíduos, mas somente do gênero, assim, por exemplo, Deus jamais orientou sua providência a Bucéfalo ou a qualquer outro cavalo, mas somente aos cavalos em geral. Dizem também que Deus não tem ciência das coisas particulares e perecíveis, mas somente das coisas gerais que, no juízo deles, são imutáveis. Por isso, devemos revelar, a bom termo, a ignorância deles, pois são precisamente apenas as coisas particulares a ter uma causa e, não, as gerais, que não são nada.

Deus, portanto, é causa e providência apenas das coisas particulares; e se essas coisas particulares devessem ser conformes à outra natureza, deveriam, então, cessar de se conformarem a elas próprias e, consequentemente, não seriam o que verdadeiramente são. Por exemplo, se Deus tivesse criado todos os seres humanos como Adão antes do pecado, ele teria criado somente Adão, não Pedro e Paulo; enquanto em Deus, a verdadeira perfeição consiste em dar a todas as coisas, das menores às maiores, sua essência ou, melhor dizendo, a possuir em si mesmo todas as coisas de modo perfeito.

[8] Quanto ao outro ponto, ou seja, porque Deus não criou os seres humanos com a capacidade de não pecar, respondo dizendo que tudo que se diz do pecado é afirmado do ponto de vista da nossa razão, como quando comparamos duas coisas entre si ou uma coisa de dois pontos de vista diferentes. Por exemplo, se alguém construiu um relógio com as funções de tocar e indicar a hora, e a obra está em perfeita harmonia como a finalidade que o artífice se propôs, chama-se essa obra de boa, caso contrário, seria ruim; mas poderia também ser chamada de boa mesmo que a finalidade do artífice tivesse sido a de estragar o relógio e fazê-lo não marcar o tempo corretamente.

[9] Concluímos, dessa maneira, que Pedro deve convir necessariamente à ideia de Pedro e não à ideia de ser humano e que, bem ou mal, o pecado é apenas um modo de pensamento e não derivado de coisas com existência real, como demonstraremos, provavelmente, ainda mais amplamente nos capítulos seguintes, já que todas as coisas e as obras da Natureza são perfeitas.

Capítulo 7
Dos atributos que não pertencem a Deus

[1] Devemos agora começar a discorrer sobre os atributos[17] comumente atribuídos a Deus, mas que, contudo, não lhe pertencem e que são usados para tentar demonstrar a existência de Deus, porém, sem sucesso; e, finalmente, devemos discorrer sobre as disposições da verdadeira definição.

[2] Para tanto, não devemos nos preocupar com as imagens que normalmente os seres humanos fazem de Deus, mas devemos resumir brevemente o que dizem normalmente os filósofos. Eles definiram Deus como *um ente que existe por si mesmo, causa de todas as coisas, onipotente, onisciente, eterno, simples, infinito, sumo bem, infinitamente misericordioso* etc. Antes, porém, de iniciarmos essa busca, vejamos o que eles dizem.

[3] Primeiramente, dizem que de Deus não se pode dar nenhuma definição verdadeira ou adequada; na verdade, segundo eles, não se pode dar nenhuma definição, a não ser por gênero e espécie. Como Deus não é espécie de nenhum gênero, ele não pode ser correta e adequadamente definido.

[4] Dizem, assim, que não se pode definir Deus, porque a definição deve exprimir a coisa em si mesma e de modo afirmativo, enquanto de Deus não se pode falar de modo afirmativo, mas somente negativo; consequentemente, é impossível dar uma definição adequada.

[5] Além disso, dizem também que Deus não pode ser absolutamente demonstrado *a priori*, porque não tem causa, mas pode, entretanto, ser demonstrado apenas de modo provável ou por meio de seus efeitos.

Com essas opiniões, eles mesmos acabam confessando ter um conhecimento pobre e inconsistente sobre Deus; devemos agora examinar suas definições.

[6] Em primeiro lugar, vemos que, na realidade, eles não dão atributos, *attributa*, pelos quais a coisa é conhecida, no caso, Deus, mas somente às próprias qualidades, *propria*, que pertencem indubitavelmente à coisa, mas não esclarecem em nada o que ela é. Na verdade, quando se diz que Deus é *um ente que existe por si mesmo, causa de todas as coisas, sumo bem, eterno, imutável* etc., e tudo isso é indubitavelmente próprio de Deus, nós não podemos, entretanto, por essas

propriedades, saber o que é e quais atributos tem esse ser, ao qual pertencem tais propriedades.

[7] Chegou o momento, então, de considerar tudo que eles atribuem a Deus sem lhe[18] pertencer, como por exemplo, a *onisciência*, a *misericórdia*, a *sabedoria* etc., todas as coisas que são apenas modos particulares da coisa pensante e que, de maneira nenhuma, podem existir, nem serem compreendidas sem a substância da qual são modos e, consequentemente, não devem ser atributos de Deus, ente existente por si mesmo, sem necessidade de outro.

[8] Enfim, dizem que Deus é o sumo bem e, por isso, entendem também tudo que já foi dito, ou seja, que Deus é imutável e causa de todas as coisas, e perdem-se em seus próprios conceitos ou não conseguiram compreender a si mesmos. Isso decorre do erro deles no que tange ao bem e ao mal, pois creem que o próprio ser humano e, não, Deus, seja a causa de seus pecados e de seus males. Mas, tomando por base tudo que já demonstramos, isso é impossível, caso contrário seremos obrigados a afirmar que o ser humano é causa de si mesmo. Esclareceremos ainda melhor esse tema quando tratarmos da vontade humana.

[9] É necessário agora refutar os sofismas com os quais tentam justificar a ignorância que têm com relação ao conhecimento de Deus.

Dizem, em primeiro lugar, que *uma definição exata deve ser por gênero e espécie*. Mas, embora isso seja admitido por todos os lógicos, eu não sei, entretanto, de onde tiram essa regra, já que, se isso fosse verdade, não poderíamos saber absolutamente nada. Na verdade, se devemos conhecer uma coisa perfeitamente com a ajuda de uma definição por gênero e espécie, não poderemos jamais conhecer o gênero mais elevado, porque não existe gênero acima de Deus e, se não podemos conhecer o gênero supremo, que é causa do conhecimento de todas as outras coisas, muito menos poderemos conhecer e compreender essas outras coisas, que não podem ser explicadas senão pelo gênero supremo.

Assim, como somos livres e não temos, de maneira nenhuma, a mesma opinião deles, devemos estabelecer, segundo a verdadeira lógica, outras regras de definição, conforme à divisão que fazemos da Natureza.

[10] Vimos que os atributos (ou como chamam os outros, substâncias) são coisas ou, melhor e mais exatamente dizendo, são um único ser, que existe por si mesmo, e, portanto, podem ser conhecidos e afirmam-se por si mesmos.

As outras coisas são somente modos desses atributos, sem os quais não podem existir, nem serem compreendidas. As definições, assim, devem ser de dois gêneros (ou tipos):

1) Definições dos atributos que pertencem a um ente por si mesmo existente, os quais não necessitam do conceito de nenhum gênero, nem de nada que os torne mais compreensíveis ou mais claros. De fato, sendo atributos de um ente por si mesmo existente, são também conhecidos por si mesmos.

2) Definições de outras coisas que não existem por si mesmas, mas unicamente pelos atributos dos quais são modos e pelos quais devem ser compreendidas, sendo eles idênticos a seus gêneros. Isso no que tange à teoria da definição deles.

[11] Com relação à segunda proposição, de que Deus não pode ser conhecido de maneira adequada, foi já suficientemente respondido por Descartes em suas *Respostas às objeções*, que tratam precisamente de tais questões.

[12] Por último, tratando da terceira proposição, de que Deus não pode ser demonstrado *a priori*, já respondemos que é falsa, pois Deus é cau-

sa de si mesmo, basta que provemos por si mesmo; e tal prova é muito mais rigorosa do que qualquer prova *a posteriori*, que são comumente baseadas em causas exteriores.

Capítulo 8
Da Natureza naturante

Antes de passar para outro tema, devemos brevemente dividir a Natureza em duas partes, a Natureza naturante, *Natura naturans*, e a Natureza naturada, *Natura naturata*. Por *Natura naturans*, entendemos um ente que é clara e distintamente conhecido por si mesmo, sem a participação de nenhuma outra coisa (como todos os atributos que descrevemos até aqui). Tal ente é Deus; Deus, na verdade, designado assim pelos tomistas, embora para eles a Natureza naturante, *Natura naturans*, seria um ente de fora de todas as substâncias.

Dividimos a Natureza naturada em duas partes: universal e particular. A primeira compõe-se de todos os modos que se originam imediatamente de Deus – trataremos no capítulo seguinte; a segunda consiste nas coisas particulares que são causadas pelos modos universais; assim, para compreender bem a Natureza naturada, é necessária uma substância.

Capítulo 9
Da Natureza naturada

[1] Com relação à Natureza naturada, ou seja, os modos ou criaturas que dependem imediatamente de Deus ou são criadas por Ele, conhecemos apenas dois: o movimento na matéria[19] e o entendimento na coisa pensante, cujos modos dizemos que existem desde a eternidade e existirão por toda

a eternidade. Obra realmente gigantesca, digna da grandeza de seu autor.

[2] Sobre o movimento, que existe desde a eternidade e existirá sem mudança por toda a eternidade: ele é infinito em seu gênero, não pode existir, nem ser concebido por si mesmo, mas somente por meio da extensão, e já que pertence mais especificamente às ciências naturais do que à nossa, não trataremos aqui; porém, diremos que é um Filho[20], obra ou efeito criado imediatamente por Deus.

[3] Quanto ao entendimento na coisa pensante, isto é, como movimento, Filho, obra ou criação imediata de Deus, existente desde a eternidade e subsistente sem mudanças por toda a eternidade, sua única propriedade é compreender todas as coisas em todos os tempos de modo claro e distinto, junto com a felicidade infinita, perfeita e imutável, já que não pode agir diferentemente de como age.

Ainda que tudo isso esteja suficientemente claro por si mesmo, trataremos com mais clareza quando falarmos das afeições da mente; sendo assim, por ora, não dizemos mais nada.

Capítulo 10
O que são o bem e o mal

[1] Para dizer brevemente o que são o bem e o mal, comecemos pelo que se segue.

Há coisas que existem no nosso intelecto sem existirem de modo equivalente na Natureza e, consequentemente, são apenas produtos do nosso pensamento e não servem senão para se conceber as coisas distintamente, como por exemplo, as relações que se referem a diferentes coisas e que as chamamos de entes de razão, *entia rationis*. [2] Pergunta-se, portanto, se o bem e o mal devem ser enumerados entre os entes de razão, *entia rationis*, ou entre os entes reais, *entia realia*. Mas, como bem e mal são somente uma relação, não há dúvida de que devem ser considerados como entes de razão, pois nada é chamado bem, senão em relação a alguma outra coisa; assim, não se diz que um ser humano é mau, senão em relação a outro ser humano melhor do que ele, ou que uma maçã é ruim senão em relação à outra boa ou melhor do que ela.

[3] Nada disso poderia ser dito, se o bem ou o melhor, com relação àquilo que se diz mau, não existissem.

De maneira que, quando dizemos que uma coisa é boa, entendemos por bem unicamente aquilo que está de acordo com a ideia geral que temos dessa coisa. Mas, como já dissemos, cada coisa deve existir conforme sua ideia particular, cuja essência deve ser perfeita e, não, uma ideia geral, porque, assim, não existiria.

[4] Para confirmar aquilo que dissemos, ainda que tudo já esteja claro, completamos com os seguintes argumentos: tudo que existe na Natureza pode ser agrupado em duas classes, a saber, coisas ou ações; o bem e o mal, porém, não são coisas, nem ações, logo, o bem e o mal não estão na Natureza.

Se o bem e o mal fossem coisas ou ações, deveriam, na verdade, ter suas definições. Mas o bem e o mal, por exemplo, a bondade de Pedro e a maldade de Judas não têm definições fora da essência de Pedro e de Judas, pois só existem na Natureza e não podem, portanto, ser definidas fora de sua essência.

Segue-se disso, como dito acima, que o bem e o mal não são coisas ou ações existentes na Natureza.

Segunda parte
Do ser humano e daquilo que lhe pertence

Prefácio à segunda parte

[1] Depois de termos falado, na primeira parte, de Deus e das coisas universais e infinitas, devemos, nesta segunda parte, tratar das coisas particulares e finitas; não de todas, porque são infinitas, mas somente das que se relacionam com o ser humano e, para iniciar, começaremos a discorrer sobre o que é o ser humano, enquanto composto de certos modos, incluído nos dois atributos que consideramos em Deus.

[2] Digo certos modos porque não pretendo, na verdade, sustentar que o ser humano, por ser composto de mente e corpo, seja uma substância[21].

De fato, já demonstramos no início deste *Tratado*: (1) Que nenhuma substância pode começar. (2) Que uma substância não pode produzir outra. (3) Que, finalmente, não podem existir duas substâncias iguais.

[3] Não tendo o ser humano existido desde a eternidade, sendo finito, e isso vale para todos os seres humanos, não pode ser uma substância, pois tudo que ele possui de pensamento é apenas um modo do atributo de pensamento que reconhecemos em Deus; e tudo aquilo que possui de forma, movimento e outras coisas semelhantes, é equivalente aos modos de outro atributo que reconhecemos em Deus.

[4] Alguns, na verdade, pelo fato de a natureza humana não poder existir, nem ser concebida sem os atributos que, segundo nós, são da substância, tentam demonstrar que o ser humano é uma substância, mas seus únicos fundamentos são as falsas suposições.

De fato, se a natureza da matéria ou do corpo existia antes que a forma do corpo humano existisse, essa natureza não pode ser própria do corpo humano e é óbvio que nos tempos em que não existia o ser humano, ela não poderia pertencer à natureza humana.

[5] E com relação ao princípio que defendem, ou seja, *aquilo, sem o qual uma coisa não pode existir nem ser concebida, pertence à natureza da coisa*, nós negamos, pois já provamos como, sem Deus, nada pode existir o ser concebido, isto é, que Deus deve existir e ser concebido antes que as coisas particulares existam e sejam concebidas. Demonstramos, assim, que os gêneros não pertencem à natureza da definição, mas as coisas que não podem existir sem outras coisas não podem ser concebidas sem elas. Se é assim, qual regra nos colocaremos para saber o que pertence à natureza de uma coisa?

Eis a regra: Pertence à natureza de uma coisa aquilo sem o qual ela não pode existir nem ser concebida; isso, porém, não é suficiente, a não ser à condição de que seja reciprocamente verdadeiro que o predicado não possa existir, nem ser compreendido, sem a coisa. No início do primeiro capítulo que se segue, devemos começar a tratar dos modos que se apresentam no ser humano.

Capítulo 1
Da opinião, da crença e do conhecimento

[1] Para começar a discorrer sobre os modos nos quais o ser humano se compõe, diremos: (1) o que são; (2) quais são seus efeitos; (3) qual é sua causa.

Com relação ao primeiro, comecemos pelos que são, sobretudo, notados, ou seja, alguns conceitos das coisas externas e o conhecimento de nós mesmos, isto é, da consciência.

[2] Têm-se esses conceitos, (1) por meio da simples crença, que nasce da experiência ou do

ouvir dizer; (2) por meio da crença verdadeira; (3) por meio de um conhecimento claro e distinto.

O primeiro meio de conhecimento é comumente propício ao erro. O segundo e o terceiro, ainda que diferentes entre si, não podem enganar.

[3] Para que tudo isso seja compreendido de modo claro, proporemos um exemplo tirado da regra de três. Alguém sabe de ouvir dizer, e somente de ouvir dizer, que na regra de três, multiplicando o segundo número pelo terceiro e dividindo pelo primeiro, encontra-se um quarto número, que está para o terceiro como o segundo está para o primeiro. E ainda que, quem lhe ensinou essa regra pudesse tê-lo enganado, ele realizou seu trabalho baseado nela, tendo um conhecimento igual ao de um cego com relação às diferenças entre as cores, e tudo que ele pode dizer são apenas frases, como um papagaio que repete o que lhe foi ensinado.

Outro, mais vivo de espírito, não se satisfaz com o que ouviu dizer, e aplica a regra em algum caso particular; vendo que é verdadeira, dá-se por satisfeito. É com razão, porém, que dissemos que esse tipo de conhecimento está sujeito ao erro, pois não se pode, de fato, formar uma regra universal a partir de uma experiência particular.

Um terceiro, não se contentando com o que ouviu dizer, que pode ser enganoso, nem com uma experiência particular, que não pode dar uma regra universal, busca com a verdadeira razão, que, bem usada, não pode enganá-lo; e essa razão lhe ensina que, em virtude da propriedade da proporcionalidade dos números, a regra deve ser assim e não de outro modo.

Por último, um quarto, que tem o conhecimento absolutamente claro, não precisa ter o conhecimento de ter ouvido dizer, nem ter da experiência, nem da arte do raciocínio, porque ele tem imediatamente, por meio da intuição, a proporcionalidade de todos os cálculos.

Capítulo 2
Do que são a opinião, a crença e o conhecimento claro

[1] Devemos agora tratar dos efeitos dos diferentes conhecimentos de que falamos no capítulo anterior e, como introdução, voltaremos, mais uma vez, a discorrer sobre o que são opinião, crença e conhecimento claro.

[2] Chamamos de opinião o primeiro conhecimento, porque está sujeito ao erro e jamais se encontra em relação a um objeto no qual estamos seguros, mas apenas supomos ou ouvimos dizer.

Chamamos de crença o segundo conhecimento, porque as coisas aceitas por nós somente por meio da razão não são perceptíveis em si mesmas, mas apenas por meio de uma persuasão intelectual, que aceitamos que as coisas sejam assim e não de outro modo.

Chamamos de conhecimento claro o conhecimento que obtemos não por uma convicção fundada sobre o raciocínio, mas pelo sentimento e pelo prazer da própria coisa; e isso prevalece muito sobre o resto.

[3] Depois dessa preliminar, vamos aos efeitos de tais conhecimentos. Diremos, então, que do primeiro conhecimento nascem todas as paixões contrárias à reta razão; do segundo, todos os bons desejos; do terceiro, o amor puro e verdadeiro, com todos os seus efeitos.

[4] Colocamos, por isso, o conhecimento como causa próxima das paixões que se encontram na mente, pois julgamos ser impossível que alguém, sem ter conhecido ou concebido algum objeto das maneiras precedentes, possa ser movido pelo amor, pelo desejo ou qualquer outro modo da vontade.

Capítulo 3
Da origem das paixões da opinião

[1] Como dissemos, devemos, antes de tudo, ver de que modo nascem as paixões da opinião. Para se compreender bem, escolhemos algumas paixões, a título de exemplo, para provarmos o que dizemos.

[2] Em primeiro lugar, o espanto que se encontra naqueles que conhecem as coisas segundo o primeiro modo de conhecimento. De fato, quando de muitos exemplos se faz uma regra geral, e depois se apresenta um caso contrário a essa regra, fica-se espantado[22]. Por exemplo, quem está habituado a ver apenas ovelhas com cauda curta, ficará espantado ao ver que no Marrocos elas têm cauda longa.

Conta-se, além disso, que um camponês imaginava não existir pastagem para além de suas terras e que, ao fugir uma vaca, foi atrás para tentar encontrá-la; ficou estupefato ao ver que para além de suas terras havia muitas outras terras com vastas extensões.

[3] Isso serve também para os filósofos que imaginam não existir outros mundos, além do próprio quarto ou cantinho do globo terrestre onde habitam, pois jamais contemplaram outros. Mas aquele que leva consigo conclusões verdadeiras, nunca se espantará. Isso com relação à primeira paixão.

[4] A segunda paixão é o amor, já que pode nascer dos verdadeiros conceitos, da opinião ou do ouvir dizer; veremos primeiro como nasce das opiniões, depois, dos conceitos (o primeiro, na verdade, leva à ruína; enquanto o segundo, à salvação) e, por fim, como nasce do ouvir dizer.

[5] Quanto ao primeiro caso, é claro que o ser humano, ao ver ou ao crer ver algo bom, tende a unir-se a esse objeto e, de acordo com o bem que aquilo lhe traz, o escolhe como o melhor entre todos os

objetos; fora disso, não vislumbra nada de melhor ou mais atraente. Quando ocorre, porém, e isso se dá com certa frequência, de encontrar outro bem que lhe pareça superior ao anterior, seu amor muda, no mesmo instante, do primeiro para o segundo. Esclareceremos melhor esse ponto quando tratarmos da liberdade humana.

[6] Não trataremos agora do amor que nasce dos conceitos verdadeiros, pois este não é lugar mais oportuno para tratá-lo; discorreremos sobre o terceiro, e último, isto é, do amor que surge do ouvi dizer.

[7] Constatamos isso geralmente na relação pai e filho, pois basta que o pai diga que isso ou aquilo é bom para a criança ter inclinação para o objeto, já que a criança não tem necessidade de maiores explicações.

Isso vale igualmente para aqueles que sacrificam a vida por amor à pátria e para todos que amam algo apenas pelo fato de ouvir dizer que é bom.

[8] O ódio, absolutamente contrário ao amor, nasce do erro derivado da opinião, pois, quando alguém conclui que tal coisa é boa e outro tenta dissuadi-lo, nasce o ódio do primeiro pelo segundo, o que jamais ocorreria se ele conhecesse o verdadeiro bem, como demonstraremos adiante, já que tudo que existe ou é pensado não passa de algo miserável comparado com o verdadeiro bem. Aquele que ama algo miserável não é mais digno de compaixão do que de ódio?

Por fim, o ódio vem do ouvir dizer, como constatamos nos casos dos turcos contra os judeus e os cristãos, os judeus contra os turcos e os cristãos e os cristãos contra os turcos e os judeus. Na verdade, tem-se muita ignorância, na maioria dos casos, contra os cultos e os costumes uns dos outros.

[9] Quanto ao desejo que, segundo uns, consiste na busca em obter o que não se tem e, segundo outros, em conservar o que se tem[23], é claro que

jamais se enquadra em nenhuma forma de bem. [10] Daí, é evidente que o desejo, como o amor, do qual já discorremos, nasce do primeiro modo de conhecimento; todo mundo que tenha ouvido dizer que uma coisa é boa tem desejo por ela, como acontece com o doente que, apenas por ter ouvido dizer que tal remédio é bom para sua enfermidade, vai imediatamente atrás do remédio e o deseja.

O desejo nasce também da experiência, como se vê na prática médica, pois os médicos, vendo repetitivamente a eficácia de um remédio, o prescrevem como se fosse infalível.

[11] É claro que o que dissemos, por ora, sobre essas paixões pode-se aplicar igualmente a todas as outras.

E, como estudaremos nos capítulos seguintes quais de nossas paixões são conformes à razão e quais não são, pararemos por aqui sem acrescentar mais nada.

Capítulo 4
Do que deriva da crença (e do bem e do mal do ser humano)

[1] Depois de termos demonstrado no capítulo anterior como as paixões nascem do erro da opinião, devemos considerar agora os efeitos dos outros dois modos de conhecimento e, em primeiro lugar, do que chamamos de *crença verdadeira*[24].

[2] Esse modo de conhecimento mostra, na realidade, aquilo que as coisas devem ser e não o que são de verdade; consequentemente não podem nunca estar unidas ao que se crê. Digo, portanto, que esse conhecimento ensina apenas o que a coisa deve ser, e não o que é, pois há enorme diferença entre esses dois aspectos. De fato, como demonstramos em nosso exemplo da regra de três, se alguém pode encontrar, graças à proporção, um quarto número que

está para o terceiro, como o segundo para o primeiro, então não pode dizer (por meio da multiplicação e da divisão) que os quatro números são proporcionais e, embora seja realmente assim, ele não está falando, todavia, de algo que está fora dele. Mas quando consideramos a proporcionalidade no modo como mostramos no quarto exemplo, ele diz que a coisa é assim porque está nele e, não, fora dele. Isso é tudo quanto ao primeiro efeito.

[3] O segundo efeito da crença verdadeira consiste em guiar à clara intelecção, pela qual amamos Deus, e permitir conhecer intelectualmente não as coisas que estão em nós, mas as que estão fora de nós.

[4] O terceiro efeito é o que dá o conhecimento do bem e do mal e faz conhecer as paixões que devem ser combatidas. E já tendo mostrado anteriormente que as paixões derivadas das opiniões provocam grande mal, é inútil ver como o segundo modo de conhecimento serve de discernimento para o que é do bem e o que é do mal.

Para fazer isso de modo conveniente, vamos examiná-los, como já fizemos, mas agora mais de perto para poder selecionar quais devem ser aceitos e quais rejeitados.

Antes, porém, resumamos brevemente o que há de bem e de mal no ser humano.

[5] Dissemos que todas as coisas são necessárias e que *na Natureza não há bem nem mal*. Assim, quando falamos do ser humano entendemos falar da ideia geral de ser humano, que não é nada além de um *ente de razão*. A ideia de um ser humano perfeito, que concebemos em nosso intelecto, permite, quando observamos por nós mesmos, indagar se temos algum meio de adquirir tal perfeição.

[6] A tudo que nos conduz a esse fim chamaremos de bem e a tudo que, ao contrário,

nos afasta ou nos guia para esse fim, chamaremos de mal. [7] Dessa maneira, para tratar do bem e do mal no ser humano devo conceber um ser humano perfeito; de fato, trata-se do bem e do mal em um ser humano particular, por exemplo, Adão; misturarei o ser real com o ente de razão, o que um verdadeiro filósofo deve evitar, por razões que darei adiante.

[8] Ainda, como o fim de Adão ou de qualquer outra criatura em particular não pode ser conhecido senão por meio dos resultados, por consequência, tudo que podemos dizer do fim do ser humano deve ser fundamentado no conceito de ser humano perfeito em nosso intelecto[25]. Assim, como se trata de um puro ente de razão, podemos conhecer o fim, ou seja, como se diz, o seu bem, o seu mal, que são, contudo, apenas modos de pensar.

[9] Para chegar gradativamente à questão, lembremos que os modos, as afeiçoes, as ações da nossa mente nascem de nossos conceitos que dividimos em quatro categorias: (1) o ouvir dizer, (2) a experiência; (3) a crença, (4) o conhecimento claro. Tendo visto os efeitos desses quatro gêneros de conhecimento, torna-se evidente que o conhecimento claro é o mais perfeito de todos, somente enquanto via de conhecimento claro e que impele às coisas que são verdadeiramente amáveis, de maneira que nosso fim último, que buscamos conseguir e o máximo que podemos conhecer, é o conhecimento claro. [10] Esse verdadeiro conhecimento, porém, é diferente segundo a diversidade dos objetos que a ele se apresentam, de forma que, quanto melhor o objeto com o qual se une, maior será esse conhecimento; perfeito é, assim, o ser humano que se une a Deus (o ente mais perfeito de todos) e se regozija com ele.

[11] Para buscar aquilo que tem de bem e de mal nas paixões, estudaremos separadamente, começando pelo espanto que, fruto do preconceito ou

da ignorância, constitui uma imperfeição no ser humano que se abandona a essa paixão. Digo ser uma imperfeição porque o espanto não traz em si nenhum mal.

Capítulo 5
Do amor

[1] O amor nasce do conceito e do conhecimento que temos de um objeto; e, quanto maior e excelente o objeto, maior e mais excelente é o amor.

Podemos perder o amor de dois modos: por meio do conhecimento de algo melhor ou por meio da experiência com o objeto amado, tomado por nós como algo grandioso e magnífico, mas que traz consigo muita dor e danos.

[2] É também uma característica dessa paixão, o amor, não querer nunca se livrar dele completamente (como pode acontecer com o espanto ou outras paixões) porque: (1) é impossível, (2) é necessário não se livrar dele.

[3] É impossível porque não depende de nós, mas somente do quanto de bom e de útil tiramos do objeto, o qual, para que pudéssemos não querer inevitavelmente amá-lo, seria necessário que não o tivéssemos conhecido, mas isso não depende de nós, nem de nossa liberdade, pois se não conhecêssemos nada, também não seríamos nada.

[4] É necessário não se livrar completamente do amor, pois, por causa da fraqueza de nossa natureza, não poderíamos existir sem o prazer dos bens aos quais estamos unidos e que nos fortalecem.

Distinguiremos o amor, que consiste no se regozijar com uma coisa e unir-se a ela, segundo a natureza do seu objeto, do qual o ser humano busca se regozijar unindo-se a ele.

[5] Certos objetos são corruptíveis em si, outros são incorruptíveis em virtude de sua causa, o terceiro, finalmente, é eterno e incorruptível por sua própria virtude.

Os corruptíveis são todas as coisas particulares, que não existem desde a eternidade, mas tiveram um início.

Os incorruptíveis são os modos universais, os quais, já dissemos, são as causas dos modos particulares.

O terceiro, porém, por si mesmo incorruptível, é Deus ou a Verdade, o que é a mesma coisa.

[6] Desses três gêneros de objetos, quais devem ser escolhidos e quais rejeitados?

Com relação às coisas corruptíveis (embora seja necessário, como dissemos, por causa da nossa fraqueza, que amemos alguns bens e nos unamos a eles para existir) é certo, no entanto, que pelo amor e pela união com elas não fortalecemos a nossa natureza, porque as próprias coisas corruptíveis são, elas mesmas, frágeis, e um manco não pode ajudar outro a andar. Não somente são inúteis, como também causam danos. Como dissemos, o amor é a união com um objeto que o intelecto apresenta como bom e excelente, e por união entendemos aquilo que faz do amor e da coisa amada uma única e mesma coisa, um único todo. É, portanto, certamente digno de compaixão aquele que se une às coisas perecíveis, pois, estando elas fora de seu poder e sujeitas a muitos percalços, sendo objetos de paixão, é impossível que ele também não seja. Por consequência, concluímos que se dos que amam coisas perecíveis dizemos ser miseráveis, embora ainda tenham alguma espécie de essência, o que diremos dos que amam as honrarias, o poder, a vontade que não têm nenhuma?

[7] Com isso, demonstramos longamente que a razão ensina a afastar-se desses bens perecíveis, já que, pelo que acabamos de dizer, vê-se claramente o veneno e o mal que escondem o não amor pelas coisas. Veremos isso, com ainda maior clareza, ao constatarmos quão grande e magnífico bem e gozo eles nos fazem perder.

[8] Dissemos, primeiramente, que as coisas corruptíveis estão fora de nosso poder, então, que se compreenda bem: não quisemos dizer com isso que somos uma causa livre que não depende de outra coisa de que de si mesma. Quando dizemos, porém, que certas coisas *estão em nosso poder* e que outras, não, queremos dizer que as coisas que estão em nosso poder são as que fazemos conforme a ordem da Natureza, da qual conjuntamente fazemos parte; ao passo que as coisas que *não estão em nosso poder* são aquelas que, enquanto estão fora de nós, não estão sujeitas a nenhuma mudança por obra nossa, já que estão separadas de nossa essência real, como determinada pela Natureza.

[9] Passemos agora à segunda classe de objetos, aqueles que são eternos e incorrutíveis, mas não pelo próprio poder. Tão logo iniciamos a analisá-los, reparamos imediatamente que eles são apenas de dois modos, dependentes diretamente de Deus. Tendo, assim, natureza semelhante, não podemos concebê-los sem que ao mesmo tempo tenhamos um conceito de Deus, em que, porque é perfeito, deve imediatamente repousar o nosso amor. Em uma palavra: se usarmos bem o nosso intelecto será impossível negligenciarmos de amar a Deus.

[10] As razões para isso são bastante evidentes. Primeiro, sabemos que somente Deus tem essência e que as outras coisas são apenas modos; os modos não podem ser bem compreendidos sem a essência da qual dependem imediatamente, e demonstramos anteriormente que se amamos uma coisa, mas encontramos algo melhor, preferimos este e abandonamos aquela. Segue-se daí, com toda evidência, que

quando aprendemos a conhecer a Deus, que tem em si todas as perfeições, devemos necessariamente amá-lo.

[11] Segundo, se usamos bem o nosso intelecto para o conhecimento das coisas, devemos conhecer sua causa e, como Deus é a causa primeira de todas as coisas, o conhecimento de Deus deve preceder naturalmente (*ex rerum natura*) todo conhecimento das coisas, pois o conhecimento delas resulta do conhecimento da causa primeira. Já que, então, o verdadeiro amor nasce sempre do conhecimento que temos da bondade e da excelência do objeto, qual amor pode nos arrebatar com mais força do que o amor ao Senhor nosso Deus? Somente Ele, na verdade, é a excelência e o Bem perfeito.

[12] Vejamos, então, como fortalecemos nosso amor e como ele deve repousar somente em Deus. O que falta ainda dizer sobre o amor virá mais adiante, quando tratarmos do último tipo de conhecimento. Passemos agora a discorrer, como prometemos, sobre quais paixões devem ser escolhidas e quais rejeitadas.

Capítulo 6
Do ódio

[1] O ódio é uma inclinação a recusar aquilo que nos provocou um mal. Constatamos que podemos exercitar nossas ações de duas maneiras, a saber, com ou sem paixão.

Com paixão, que se vê comumente nas relações entre superiores e subalternos que cometeram algum erro; nesse caso normalmente irrompe a cólera.

Sem paixão, como se conta de Sócrates que, quando era obrigado a castigar seu escravo para corrigi-lo, esperava passar a raiva e somente depois ia ter com o escravo.

[2] Disso se segue que, como nossas ações acontecem com ou sem paixão, pensamos que seja natural que as coisas que nos atrapalham, se necessário, possam ser eliminadas sem que nos perturbemos por isso. Mas, então, o que é melhor? Distanciar-se das coisas com ódio e aversão ou aprender a suportá-las com o poder da razão, sem se alterar? (algo que consideramos possível). Primeiramente, é certo que se cumprimos nosso dever sem se deixar levar pelas paixões, nada resultará de mal para nós.

Como, contudo, não há meio termo entre o bem e o mal, vemos que agir com paixão é um mal, agir sem paixão, então, é um bem.

[3] Vejamos, no entanto, se é ruim rejeitar as coisas com ódio e aversão.

Com relação ao ódio que nasce da opinião, é certo que ele não pode existir em nós, já que sabemos que uma única e mesma coisa pode parecer boa em um momento e ruim, em outro, como ocorre, por exemplo, com os medicamentos.

Resta ver se o ódio surge apenas da opinião ou se pode, também, nascer em nós por meio do conhecimento verdadeiro. Para resolver esse problema, vale a pena explicar claramente o que é o ódio e distingui-lo da aversão.

[4] O ódio é uma perturbação da mente contra alguém que fez algo de mal consciente e intencionalmente. A aversão, diferentemente, é uma perturbação da mente contra uma coisa que é a causa de um erro ou dano que julgamos ou compreendemos ser ocasionado por ela, por sua própria natureza. Digo por sua própria natureza, porque quando não julgamos ou compreendemos, ainda que soframos um dano ou erro, de que a coisa é a causa, não temos aversão e podemos, inclusive, servir-se dela, por exemplo, quando

alguém é ferido por uma pedra ou faca e não tem aversão a ela.

[5] Assim colocado, vejamos brevemente os efeitos do ódio e da aversão. Do ódio provém a tristeza e, de um grande ódio, a cólera, a qual, como o ódio, procura não apenas evitar aquilo que odeia, mas também o destruir se possível; e, finalmente, desse grande ódio nasce a inveja.

Da aversão nasce certa tristeza, porque nos esforçamos em nos privarmos de algo que, sendo real, tem alguma essência e perfeição.

[6] Consequentemente, pode-se facilmente compreender que, se usarmos bem a nossa razão, não podemos ter ódio, nem aversão a coisa alguma, porque, agindo desse modo, nos privaremos da perfeição que está na coisa. Vemos igualmente, por meio da razão, que não podemos ter ódio de ninguém, já que, se quisermos tirar algum proveito de tudo que se encontra na Natureza, devemos sempre mudar para melhor, seja por nós, seja pela própria coisa.

[7] Como todos os objetos conhecidos, o ser humano perfeito é, para nós, a melhor coisa, e aquilo que é melhor para nós, e também para todos os seres humanos, é tentarmos nos iniciar nessa perfeição, porque dela tiraremos os maiores frutos e os outros, de nós. O meio, para isso, é tratar a todos sempre como ensina e sugere a nossa boa consciência, porque ela jamais nos leva à ruína; mas, pelo contrário, à nossa salvação.

[8] Terminamos dizendo que o ódio e a aversão têm tanto de imperfeição quanto o amor tem de perfeição, porque o amor tende sempre a melhorar, colaborar e acrescentar coisas, o que é uma perfeição; enquanto o ódio tende à destruição, ao enfraquecimento e ao aniquilamento, o que é a própria imperfeição.

Capítulo 7
Da alegria e da tristeza

[1] Depois de termos visto que o ódio e o espanto não podem ser jamais encontrados naqueles que usam bem o intelecto, prosseguiremos, do mesmo modo, a tratar das outras paixões. Para começar, as primeiras que temos de estudar são o desejo e a alegria.

Como nascem das mesmas causas das quais procede o amor, deveríamos apenas repetir o que já foi dito e, por isso, poupemo-nos da repetição.

[2] A tristeza não nasce da opinião e da imaginação que deriva da opinião; ela é, na verdade, causada pela perda de algum bem.

Já dissemos que tudo que fazemos deve servir para o nosso progresso e a nossa melhora. Quando estamos tristes somos incapazes de progredir ou melhorar, por isso, devemos livrar-nos da tristeza. Podemos fazê-lo tentando recuperar o bem perdido; caso contrário, é necessário renunciar à tristeza, para não cairmos nas misérias e nas ruínas que a tristeza traz necessariamente consigo. Ambas as coisas devem ser feitas com alegria, pois seria insensato querer recuperar ou melhorar um bem perdido por meio de um mal voluntário e obstinado.

[3] Por fim, quem usa bem o intelecto deve, antes de tudo, necessariamente conhecer a Deus, que, como já demonstramos, é o sumo bem de todas as coisas. Quem usa corretamente o intelecto não pode nunca cair na tristeza, mas isso só é possível se o nosso maior bem for o sumo bem de todas as coisas, pois nele reside toda a alegria e a plena satisfação.

Capítulo 8
Da estima e do desprezo

[1] Prosseguindo, falaremos da estima e do desprezo, da nobreza e da humildade, da sober-

ba e da indignidade. Para distinguir entre bem e mal, consideremos uma de cada vez.

[2] A estima e o desprezo referem-se a algo grandioso ou insignificante, como quando reconhecemos algo de grandioso ou insignificante fora de nós.

[3] A nobreza refere-se às coisas fora de nós, mas pertence somente àquele que, sem ter outra paixão ou sem exagerar a estima por si mesmo, julga sua perfeição segundo o seu verdadeiro valor.

[4] Tem-se a humildade quando alguém, sem se rebaixar ao desprezo de si mesmo, reconhece a própria imperfeição; essa paixão refere-se somente ao ser humano humilde.

[5] Tem-se a soberba quando se atribui a si mesmo uma perfeição que não se tem.

[6] Tem-se a indignidade quando alguém se atribui uma imperfeição que não tem. Não me refiro aos hipócritas, que sem demonstrar o que realmente pensam, fingem humilhar-se para enganar os outros, mas somente àqueles que creem verdadeiramente ter a imperfeição que atribuem a si mesmos.

[7] Dito isso, é fácil ver o que cada uma dessas paixões tem de bem e de mal. Quanto à nobreza e à humildade, elas manifestam sua excelência, pois, de fato, quem é tomado por essas paixões conhece suas perfeições e imperfeições, conforme seu verdadeiro valor; a razão, que é o melhor meio para se chegar à verdadeira perfeição, o ensina e, de fato, conhecendo bem nossa força e perfeição, vemos claramente o que devemos fazer para atingi-la. Do mesmo modo, ao contrário, conhecendo nossa imperfeição e nossa fraqueza, vemos o que devemos evitar.

[8] As definições de soberba e indignidade mostram bem claramente que elas nascem da opinião, pois uma consiste em se autoatribuir uma perfeição que não se tem e, a outra, o oposto.

[9] Disso resulta que a nobreza e a humildade são boas paixões e, ao contrário, a soberba e a indignidade, más paixões. As primeiras não somente deixam em bom estado o ser humano que a possui, mas são também degraus pelos quais nos elevamos à nossa mais alta salvação. As outras, em contrapartida, não somente nos desviam da perfeição, mas nos levam à nossa própria ruína. A indignidade nos impede de fazer aquilo que deveríamos fazer para nos tornarmos perfeitos, como constatamos nos céticos que, ao negarem que o ser humano possa alcançar a verdade, renunciam a si mesmos por causa da negação da existência de qualquer verdade. A soberba nos faz buscar coisas que nos conduzem diretamente à ruína, como se viu e se vê em todos que imaginaram e imaginam ter recebido poderes extraordinários de Deus e, por isso, não temem nenhum perigo; prontos a tudo, desafiam o fogo e a água e sucumbem miseravelmente.

[10] Quanto à estima e ao desprezo não temos mais nada a dizer, a não ser aquilo, que é bom recordar, que já falamos a respeito do amor.

Capítulo 9
Da esperança, do temor etc.

[1] Iniciaremos a falar agora da esperança e do temor, da segurança, do desespero, da hesitação, da coragem, da audácia, da imitação, da pusilanimidade e do medo. Seguindo nosso método, examinaremos uma por uma e mostraremos quais podem ser danosas e quais podem ser úteis.

[2] Os conceitos que temos das coisas em sim mesmas são o de que a coisa venha a ser considerada contingente, isto é, que pode vir ou não a existir, ou que a coisa deve necessariamente vir a existir. Isso no que tange à coisa em si mesma.

Os conceitos referentes a quem a concebe são que ele deve fazer de tal modo que a coisa possa vir ou não a existir.

[3] São desses diversos conceitos que nascem as paixões que elencamos. Quando consideramos uma coisa futura como boa e possível, a mente adquire esse estado de ânimo que chamamos de esperança e que não é outra coisa senão uma espécie de alegria, com a qual se mistura um pouco de tristeza.

Quando, ao contrário, consideramos possível uma coisa má, nasce em nós aquele estado de ânimo que chamamos de temor.

Se concebemos a coisa como boa e necessária, experimentamos uma espécie de tranquilidade de ânimo que se chama segurança, uma espécie de alegria que não se mistura com nenhuma tristeza, diferentemente do que acontece com a esperança.

Se, ao contrário, concebemos a coisa como má e necessária, o estado de ânimo que resulta disso é o desespero, que não é nada mais do que uma espécie de tristeza.

[4] Até aqui definimos de modo afirmativo as paixões tratadas neste capítulo e dissemos o que são cada uma delas. Mas podemos também fazer o inverso, definindo-as de modo negativo: esperamos que tal mal não aconteça, tememos que tal bem não aconteça, estamos seguros de que tal mal não acontecerá e, finalmente, nos desesperamos porque tal bem não acontecerá.

[5] Basta, por ora, tratar das paixões que nascem dos conceitos com relação às coisas em si mesmas.

Falemos agora daquelas que nascem dos conceitos com relação àquele que concebe a coisa.

Quando é necessário agir para fazer acontecer alguma coisa, mas não conseguimos tomar a decisão, o estado de ânimo que surge chamamos de hesitação.

Quando, ao contrário, a mente tem o firme propósito de realizar uma ação possível, chamamos de coragem e, se a ação é difícil de realizar, chamamos de intrepidez ou audácia.

Se alguém quiser fazer uma ação porque outra pessoa fez semelhante, trata-se de imitação.

Se alguém sabe o que deve decidir, para obter um bem ou para evitar um mal, e, todavia, não faz nada, trata-se de pusilanimidade, que, sendo em grau extremo, se transforma em medo. Finalmente, chama-se de inveja ou ciúme a ânsia que se tem em aproveitar, e conservar só para si, um bem adquirido.

[6] Agora que sabemos como nascem essas paixões é fácil dizer quais são boas e quais são más.

É evidente que as paixões da esperança, do medo, da segurança, do desespero e da inveja nascem da imaginação falsa, pois, como demonstramos anteriormente, todas as coisas têm uma causa necessária e, consequentemente, acontecem como devem acontecer.

Embora a segurança e o desespero sejam incluídos ou levados em conta nessa ordem inviolável e nessa série de causas (pois tudo aqui é inviolável ou inalterável), eles podem mudar quando se constata que a segurança e o desespero não seriam possíveis, se não fossem produzidos pela esperança e pelo medo, dos quais recebem a existência, porque, quando alguém espera algo que crê ser bom, experimenta o que se chama de esperança e quando está seguro de possuir esse bem presente, experimenta o que se chama de segurança. E o que afirmamos sobre a segurança vale também para o desespero.

Semelhantemente sobre o que dissemos sobre o amor, deve-se concluir que nenhuma dessas paixões podem ser encontradas no ser humano perfeito, já que, suponho, por sua natureza instável, não devemos nos apegar (em virtude da nossa definição de amor), nem ter aversão (em virtude da nossa definição de ódio) a nada; essas paixões encontram-se necessariamente no ser humano que se entregou às paixões do apego e da aversão.

[8] Com relação à hesitação, a pusilanimidade e o medo, elas se revelam, por seu caráter e sua natureza, por meio de suas próprias imperfeições. Se, de fato, podem ser ocasionalmente úteis, isso não decorre de sua virtude intrínseca, mas de sua maneira negativa, por exemplo, se alguém espera por algo que julga ser bom e, entretanto, não é, e por incerteza e pusilanimidade não tem a coragem necessária para obter essa coisa, é apenas negativamente e por acaso que ele se livra do mal que acreditava ser bem.

Por isso, essas paixões não podem existir em um ser humano que vive segundo a lei da razão verdadeira.

[9] Por fim, com relação à coragem, à audácia e à imitação não temos mais nada a dizer, além do que já dissemos a respeito do amor e do ódio.

Capítulo 10
Do remorso e do arrependimento

[1] Falaremos brevemente do remorso e do arrependimento que nascem, ambos, do espanto ou surpresa, mas o remorso somente do fato de se fazer uma ação que duvidamos ser boa ou má, enquanto o arrependimento nasce do fato de ter feito algo de mau. [2] Embora possa ocorrer que o remorso e o arrependimento contribuam a reconduzir ao bem muitos seres humanos que usam bem o intelecto, mas foram desviados porque lhes faltou a capacidade necessária para usar bem o intelecto com constância e,

ainda que se possa concluir (como geralmente se faz), no entanto, que essas paixões são boas, se consideramos realmente a coisa, veremos que esses sentimentos não são apenas ruins, mas também nocivos e, portanto, maus. Na verdade, é evidente que nos encaminhamos, em geral, para o bem muito mais pela razão e pelo o amor à verdade do que pelo remorso e o arrependimento. Sendo, assim, uma espécie de tristeza, a qual a imperfeição foi demonstrada anteriormente, acabam sendo nocivos e maus e, consequentemente, devemos evitá-los e livrar-nos deles.

Capítulo 11
Do escárnio e do insulto

[1] O escárnio e o insulto nascem da falsa opinião e denunciam uma imperfeição naquele que escarnece e insulta. Residem em uma falsa imaginação porque se supõe que o insultado é causa primeira das próprias ações e que elas não dependem (como as outras coisas na Natureza) de Deus em modo necessário. Denunciam uma imperfeição em quem insulta, pois, de duas uma, ou a coisa que se insulta merece zombaria ou não merece. Se não merece, o escarnecedor demonstra má disposição com que está insultado, se, ao contrário, merece, o escarnecedor reconhece uma imperfeição em sua vítima; não é com insulto, mas com bom raciocínio que se deve tentar corrigi-lo.

[2] Quanto ao riso, que não tem nenhuma relação com outra coisa, mas pertence ao ser humano que nota dentro de si algo de bom, uma espécie de alegria, não há nada para se dizer de diferente do que já dissemos sobre a alegria. Falo do riso produzido por certa ideia, não do riso produzido por espíritos de porco. Tratar deste último, que não tem nenhuma relação com o bem ou o mal, está fora dos meus propósitos.

Capítulo 12
Da honra, da vergonha e do descaramento

[1] Falaremos agora brevemente da honra, da vergonha e do descaramento. A honra é uma espécie de alegria que o ser humano tem quando vê seus atos serem louvados e apreciados por outros seres humanos, sem nenhuma compensação monetária ou utilidade.

A vergonha é uma espécie de tristeza que nasce no ser humano quando vê seus atos condenados pelos outros, sem que temam danos ou prejuízos.

O descaramento é a falta ou a rejeição da vergonha, não por motivos racionais, mas por ignorância, como as crianças, os não civilizados etc., ou porque um ser humano enormemente desprezado pelos outros, acaba por desprezar, ele mesmo, todas as coisas sem nenhum escrúpulo.

[2] Uma vez conhecidas essas paixões, conhecemos também por meio delas a vaidade e a imperfeição que elas têm em si mesmas. No que tange à honra e à vergonha, elas, além de inúteis, são paixões funestas e dignas de serem rejeitadas, pois residem no amor de si mesmo e na opinião de que o ser humano seja a causa primeira de suas ações e de seus méritos, devido ao elogio ou à censura.

[3] Não digo que entre os seres humanos seja necessário viver como se vivêssemos na solidão, neste caso não se daria brecha para a honra ou a vergonha, mas admito, ao contrário, que não somente podemos nos permitir fazer uso dessas paixões quando podemos empregá-las para bom proveito do nosso próximo e para sua correção, sem, contudo, com esse fim, restringir a nossa liberdade (por si só perfeita e legítima). Por exemplo, se alguém se veste luxuosamente para ser admirado, busca uma honra que se origina no amor a si mesmo, sem nenhuma preocupação com o próximo. Mas se alguém vê nisso sabedoria,

que nesse caso poderia ser útil ao próximo, em vez de sofrer desdenho e vilipêndio caso estivesse vestido modestamente, se o intuito é ajudar os outros, ele estará certo em preferir vestir-se de maneira a não ofender ninguém e tornar-se semelhante a seu próximo para conquistar sua benevolência.

[4] Quanto ao descaramento, é de tal natureza que basta sua definição para se ver suas deficiências.

Capítulo 13
Do favor, da gratidão e da ingratidão
Da lamentação

[1] Seguem agora o favor, a gratidão e a ingratidão. As duas primeiras são afeições da alma que nos favorecem a fazer o bem ao próximo. Digo favorecer quando é feito o bem àqueles que também nos fizeram; digo fazer quando nós mesmos obtivemos ou recebemos algum bem.

[2] Ainda que a maior parte dos seres humanos pense que essas paixões são boas, ouso dizer, contudo, que elas não convêm ao ser humano perfeito, porque o ser humano perfeito é movido a ajudar o próximo sem interesse ou por influência de alguma outra causa, por isso vê-se obrigado a ajudar ainda mais os ímpios, por quão miseráveis sejam.

[3] A ingratidão é o desprezo da gratidão, como o descaramento, da vergonha, e isso não tem nada a ver com a razão, mas unicamente com a avidez ou o excesso de amor a si mesmo, por esse motivo, não pode ser encontrada no ser humano perfeito.

A última das paixões de que devemos tratar é a lamentação, que é uma espécie de tristeza por um bem perdido que tentamos recuperar desesperadamente. [4] Essa paixão manifesta uma imperfeição; basta mencioná-la que imediatamente já sabemos que é má, porque, como provamos anteriormente, se é ruim apegar-se e prender-se às coisas que podemos perder facilmente e não podemos tê-la como gostaríamos, e ainda mais sendo uma tristeza, devemos evitá--la, como demonstramos ao tratar da tristeza.

Capítulo 14
Do bem e do mal nas paixões

[1] Acredito ter demonstrado e provado suficientemente que somente a crença verdadeira, ou a razão, conduz ao conhecimento do bem e do mal. E, quando vermos que a causa primeira e fundamental de todas essas paixões é o conhecimento, veremos claramente que usando bem o nosso intelecto e a nossa razão não cairemos jamais nas armadilhas dessas paixões, pelo contrário, devemos livrar-nos delas. Digo "o nosso intelecto" porque penso que a razão sozinha, nessa circunstância, não tem força suficiente para livrar-nos dessas paixões, como mostraremos no momento oportuno.

[2] É importante ainda sublinhar que, em geral, todas as boas paixões são de tal natureza, que não podemos existir, nem sobreviver sem elas e, consequentemente, nos pertence essencialmente como, por exemplo, o amor, o desejo e tudo que pertence ao amor. Para as más paixões que devemos repudiar, contudo, tudo é completamente diferente; não devemos apenas diminuir sua frequência, mas devemos livrar-nos delas, porque somente dessa maneira seremos aquilo que devemos ser.

[3] Para esclarecer melhor tudo isso, sublinhamos que o fundamento de todo bem e de todo mal é o amor, segundo o interesse por um ou outro objeto. Na verdade, se não amamos o objeto que, como dissemos, é o único digno de ser amado,

isto é, Deus; mas, ao contrário, amamos as coisas por sua natureza e características perecíveis e sujeitas a muitos acidentes, teremos necessariamente ódio, tristeza etc., conforme o objeto amado em questão. Ódio quando alguém lhe tira do sério; tristeza ao perder algo; honra quando se baseia no amor a si mesmo; benevolência e gratidão, quando não se ama o próximo por amor a Deus. Se, ao contrário, o ser humano ama a Deus que é e permanece imutável, torna-se impossível deixar-se levar pelas paixões, já que estabelecemos como regra fixa e inabalável, que Deus é a primeira e única causa de todo nosso bem e libertador de todos os nossos males.

[4] É preciso, finalmente, chamar a atenção para o fato de que somente o amor etc., é infinito, ou melhor, quanto mais ele cresce, mais ele se torna perfeito, pois, seu objeto sendo infinito, ele pode sempre aumentar, algo que não se encontra em nenhuma outra coisa. Isso dará um argumento para demonstrar a imortalidade da mente e como e de que modo isso é possível.

(Tendo falado até aqui de tudo que se relaciona ao terceiro modo ou efeito da crença verdadeira, prosseguiremos agora tratando do quarto e último efeito que estabelecemos no capítulo 4.)

Capítulo 15
Do verdadeiro e do falso

[1] Para ver como o quarto e último efeito da crença verdadeira permite conhecer o verdadeiro e o falso, devemos, antes de tudo, dar uma definição de ambos. A verdade é a afirmação (ou a negação) de algo concordante com esse algo; o falso é a afirmação (ou a negação) de algo não concordante com esse algo. [2] Parecerá que entre a ideia verdadeira e a falsa não exista diferença real, mas apenas de razão,

já que afirmar ou negar isso ou aquilo são somente modos de pensar e distinguem-se apenas porque um concorda com a coisa e o outro, não. Se é assim, pode-se com razão perguntar, qual a vantagem de se possuir a verdade, quais são os danos em se encontrar no erro? Ou ainda, como pode se saber se o conceito ou a ideia concordam com as coisas, por que isso é melhor do que aquilo? Enfim, por que alguém se engana e outros não? [3] A essas questões pode-se responder que as coisas mais claras de todas são conhecidas apenas por si mesmas e revelam, ainda mais claramente, o falso, pois seria um disparate perguntar-se como tomamos consciência delas. De fato, como sabemos que as coisas verdadeiras são as mais claras de todas, não pode existir maior clareza pelas quais elas possam ser esclarecidas. A verdade, assim, manifesta-se por si só e, o falso, em contrapartida, nunca se manifesta e jamais se mostra por si só. Aquele que, portanto, possui a verdade, não pode duvidar de possuí-la, enquanto aquele que é apegado ao falso ou ao erro pode se iludir em se encontrar na verdade, como quem sonha e imagina estar acordado, ao contrário de quem está acordado e não pode jamais imaginar estar sonhando.

Dito isso, explica-se, em certa medida, o que afirmamos, isto é, que Deus é a verdade e que a verdade é o próprio Deus.

[4] Quanto à causa pela qual um tem maior consciência da verdade do que o outro, isso ocorre porque o primeiro tem a ideia que é afirmada (ou negada) em total concordância com a natureza da coisa e há, portanto, mais essência. [5] Para bem compreender isso, é preciso ressaltar que o entender (embora essa palavra pareça indicar o oposto) é um puro e simples sofrer, quer dizer, nossa mente modifica-se de tal modo que ela experimenta certos modos de conhecimento que não havia antes. Por isso, se alguém, tomado pela totalidade do objeto, tem tal forma ou modo

de pensar, é claro que adquire uma percepção da forma ou da qualidade desse objeto diferente daquele que não sofreu a ação de um número elevado de causas e que é determinado a afirmar ou a negar por meio de uma ação menor e mais leve, tendo tomado consciência desse objeto por meio de afeições menos numerosas ou menos importantes.

[6] Nisso se vê a perfeição de quem se encontra na verdade e de quem se encontra fora dela. Como um tem mais facilidade em se deixar modificar e o outro, menos; um tem mais solidez e mais essência do que o outro; os modos de pensar, ademais, que convergem com as coisas, tendo sido determinados por um maior número de coisas, existência e essência, e, como convergem em tudo com a coisa, são impossíveis de serem modificados em algum momento ou incapazes de sofrer alguma mudança, pois vimos que a essência das coisas é imutável. Mas isso não ocorre com o falso. Dito isso, respondemos suficientemente à questão colocada.

Capítulo 16
Da vontade

[1] Tendo visto o que são o bem e o mal, o verdadeiro e o falso, e no que consiste a felicidade do ser humano perfeito, é hora de tratarmos do conhecimento de nós mesmos e ver se conseguimos atingir a beatitude por meio da vontade livre ou por necessidade. Para tanto, é preciso, antes de tudo, examinar o que é a vontade e em que ela se distingue do desejo.

[2] Chamamos de desejo uma inclinação da mente para as coisas que ela reconhece como bem. Antes do nosso desejo de buscar exteriormente algum objeto, forma-se em nós o juízo de que tal coisa é boa. É essa afirmação, tomada em modo geral como poder de afirmar ou de negar, que se chama vontade[26].

[3] Vejamos, assim, se essa afirmação reside em nós de modo livre ou necessário, isto é, se quando afirmamos ou negamos uma coisa, fazemos sem o constrangimento de alguma causa externa. Já demonstramos que uma coisa, se não é concebida por si mesma, isto é, se sua essência não implica na existência, deve, por necessidade, ter uma causa externa; e que uma causa que deve produzir algumas ações produzirá de maneira necessária. Segue evidentemente que a potência de querer isso ou aquilo, ou de afirmar isso ou aquilo, deve vir de uma causa externa; e que uma causa que deve produzir alguma coisa, deve fazê-lo necessariamente. Segue, assim, que toda volição particular[27] disso ou daquilo, toda afirmação ou negação particular dessa ou daquela coisa, tudo isso, digo, deve vir de uma causa externa. Daí segue nossa definição de que essa causa não pode ser livre.

[4] Alguns não se darão por satisfeitos, por estarem habituados a ocupar o intelecto mais com os entes de razão, *entia rationis*, do que com as coisas particulares que existem realmente na Natureza; fazendo assim, eles tratam o ente de razão, *ens rationis*, não mais como tal, mas como ente real, *ens reale*. Como o ser humano tem tais ou tal outra volição, forma-se na sua mente um modo geral que se chama vontade, como da ideia desse ou daquele ser humano faz-se uma ideia geral do ser humano. Ao não se distinguir adequadamente entre os entes reais e os entes de razão, acaba-se por considerar os entes de razão como coisas realmente existentes na Natureza e, assim, acaba-se por considerar como causa de algumas coisas, o que ocorre frequentemente no tratamento do argumento que estamos discutindo. De fato, se nos perguntamos por que o ser humano quer isso ou aquilo, a única resposta é que ele possui uma vontade. Mas, como a vontade, como dito, é apenas uma ideia de querer isso ou aquilo e, assim, é um modo do pensamento, um ente de razão,

ens rationis, e não um ente real, *ens reale*, ela não pode ser causa de nada, já que do nada, nada é feito, *nam ex nihilo nihil fit*. E como também mostrei que a vontade não existe realmente na Natureza, é somente uma simples ficção, não há necessidade de se perguntar se ela é livre ou não.

[5] Afirmo isso não apenas da vontade em geral, que demonstramos ser um ente de razão, mas também do ato particular de querer isso ou aquilo, que alguns identificaram com a afirmação ou negação disso ou daquilo. Isso é claro para todos que prestam atenção ao que foi dito, isto é, que o entender é um puro sofrer, uma percepção na mente da essência ou da existência das coisas, de maneira que não afirmamos nem negamos nada sobre nenhuma coisa, mas é a própria coisa que em si mesma afirma ou nega alguma coisa em nós.

[6] Muitos se recusam a aceitar isso, pois estão persuadidos de poderem afirmar ou negar sobre um objeto qualquer coisa diferente da própria consciência que têm de tal objeto; mas isso deriva do fato de que não fazem diferença entre o conceito que a mente tem de uma coisa e as palavras pelas quais é expressa. É verdade que quando algum raciocínio leva a fazê-lo, podemos, ou por meio da palavra ou por outro meio, comunicar uma coisa aos outros de modo diferente da consciência que temos. Mas é impossível que nós mesmos, por meio das palavras ou de qualquer outra coisa, sintamos uma coisa diferente da que realmente sentimos, o que é claro para todos aqueles que prestam atenção no próprio intelecto, abstração feita pelo uso das palavras ou de outra coisa. [7] Aqui poderia se objetar que, se é somente a coisa que pode negar-se ou afirmar-se em nós, e não o contrário, nós mesmos a afirmar ou a negar, então nada pode ser negado ou afirmado que não esteja de acordo com a coisa e, então, consequentemente, não pode existir nada falso, pois o falso consiste no afirmar ou no negar de

uma coisa, isto é, que não está de acordo com ela e que a própria coisa não afirma ou nega por si mesma.

Penso, porém, que, se prestarmos atenção em tudo que dissemos sobre o verdadeiro e o falso, se chegará à conclusão de que essa objeção já foi suficientemente refutada. Dissemos, na verdade, que *o objeto é a causa daquilo que é afirmado ou negado de si mesmo, tanto com relação ao verdadeiro quanto ao falso; o falso consiste no fato de que, percebendo-se algo que vem do objeto, imaginamos (ainda que o objeto seja conhecido apenas em parte) que o objeto afirma ou nega por si mesmo aquilo que percebemos*; isso é o que ocorre, sobretudo, nas mentes vulneráveis que recebem facilmente, por meio da mínima ação do objeto, uma ideia na mente, fora da qual nada pode ser afirmado ou negado.

[8] Finalmente, pode-se objetar ainda que existem coisas que podemos querer ou não, como, por exemplo, afirmar ou negar, dizer ou não a verdade etc. Mas essa objeção depende da distinção insuficiente entre desejo e vontade. De fato, a vontade, para aqueles que admitem, é somente o ato do intelecto mediante o qual afirmamos ou negamos algo de uma coisa, sem levar em conta o bem ou o mal.

O desejo, ao contrário, é uma disposição da mente em obter ou fazer algo levando em consideração o bem ou o mal decorrente dele. O desejo permanece, assim, em nós também depois da afirmação ou da negação que fizemos sobre a coisa, ou seja, depois de termos encontrado ou afirmado que uma coisa é boa. Para eles, tal afirmação é a vontade; e o desejo é, ao contrário, a inclinação para obter a coisa, que se tenta depois de tal afirmação, ainda que a vontade possa existir sem o desejo, o desejo não pode existir sem a vontade, que o precedeu.

[9] Todas as ações que discutimos, portanto, enquanto são realizadas pela razão sob a

forma de bem ou rejeitadas por ela sob a forma de mal, podem ser compreendidas apenas por meio das inclinações chamadas de desejos; e muito impropriamente das chamadas de vontade.

Capítulo 17
A diferença entre vontade e desejo

[1] Sendo evidente doravante que não temos nenhuma vontade pela afirmação ou pela negação, buscaremos agora a diferença correta entre vontade e desejo, ou melhor, o que propriamente pode ser a vontade que os latinos chamavam de *voluntas*.

[2] Segundo a definição de Aristóteles, o desejo parece ser um gênero que compreende duas espécies; na verdade, diz que a vontade é o apetite ou a inclinação que os seres humanos têm pela aparência de bem. Disso se segue, no meu modo de entender, que ele inclui na definição de desejo (ou *cupiditas*) todas as inclinações, tanto para o bem quanto para o mal. Quando a inclinação tem por objeto a aparência de bem se refere ao que ele chama de *voluntas* ou boa vontade e se, ao contrário, a inclinação é para o mal ou para alguma coisa má, trata-se do que ele chama de *voluptas* ou má vontade. Por isso a inclinação da mente não é uma tendência para afirmar ou negar, mas um desejo de conquistar alguma coisa com a aparência de bem ou de evitar alguma coisa com a aparência de mal.

[3] Resta saber se esse desejo é livre ou não. A conclusão já se sabe pelo que dissemos, ou seja, que *o desejo depende do conceito das coisas e que essa intelecção deve ter uma causa externa*. Para complementar o que dissemos sobre a vontade falta demonstrar que o desejo não é livre. [4] Ainda que a maioria dos seres humanos veja bem que a consciência que eles têm das diversas coisas é um meio pelo qual seus apetites

passam de um objeto para o outro, eles não revelam, porém, qual causa determina que esses apetites passem de um objeto para o outro.

Para demonstrar que tal inclinação não é livre (para demonstrar o que pode ser a inclinação que leva e faz passar de uma coisa à outra), imaginemos uma criança que pela primeira vez se impressiona com um objeto. Por exemplo, mostro-lhe um chocalho que produz um som agradável aos seus ouvidos e lhe inspira a vontade e o desejo de possuí-lo; veja então se ela pode se livrar de tal gana ou desejo de possuir esse objeto. Se disser que sim, pergunto-lhe por qual motivo isso aconteceria. Certamente não é porque ela conhece melhor outra coisa, porque o chocalho ainda é o único objeto conhecido por ela, e é muito menos porque esse objeto lhe parece mau; ela não conhece nenhuma outra coisa e esse prazer, no momento, é o melhor que se oferece a ela. Talvez se diga que ela tem a liberdade de evitar esse desejo; se o desejo aparece independentemente de nossa liberdade, temos, contudo, o poder de nos livrarmos dele. Mas tal liberdade não pode dar a mínima prova. Na verdade, qual seria a causa que poderia anular o desejo? O próprio desejo? Certamente não. Não existe nada que, por sua nature-za, anseie à própria destruição. Qual causa, portanto, poderia suprimir o desejo? Nenhuma, indubitavelmen-te, a menos que, seguindo o curso e a ordem da Natu-reza, a criança fique impressionada por outro objeto que lhe pareça mais agradável do que o primeiro. [5] Por isso, como dissemos com relação à vontade, que *a vontade no ser humano não é senão essa ou aquela vontade*, diremos igualmente que o desejo não é senão esse ou aquele desejo, causado por esse ou aquele conceito. De fato, o desejo não é algo que existe realmente na Natu-reza, mas apenas abstraído de um ou outro desejo par-ticular, pelo que, não sendo algo real, não pode tampouco ser causa de alguma coisa. Portanto, se dizemos que o desejo é livre, é como se disséssemos que esse ou aquele desejo é causa de si mesmo, isto é, que foi causa da sua existência antes de existir, o que é totalmente absurdo e impossível.

Capítulo 18
A utilidade da doutrina anterior

[1] Depois de termos visto que o ser humano, enquanto parte da Natureza como um todo, da qual depende e por quem é regido, e que não pode nem se salvar, nem alcançar a beatitude por si mesmo, resta mostrar no que pode ser útil tal doutrina. Isso é ainda mais necessário visto que, como bem sabemos, ela desagrada muitas pessoas[28].

[2] Em primeiro lugar, somos, na verdade, servos e escravos de Deus; e esse fato é necessariamente nossa maior perfeição. Na realidade, se dependêssemos somente de nós mesmos e não de Deus, seriamos bem pouco, ou nada, capazes de fazer alguma coisa e isso seria um motivo justo de nos lamentarmos, contrariamente ao que podemos constatar. De fato, dependemos do ente perfeito a tal ponto que somos como uma parte do todo e contribuímos para o cumprimento de tantas obras maravilhosamente ordenadas e perfeitas que dependem de Deus.

[3] Em segundo lugar, essa doutrina nos levará, depois de cumprirmos uma boa ação, a não nos orgulhar; tornando-nos orgulhosos, na verdade, cremos que qualquer coisa grandiosa não seja mais passível de progresso e permanecemos estagnados onde estamos, coisa totalmente oposta à ideia de perfeição, que consiste no dever de nos esforçarmos, sem trégua, para progredir sempre cada vez mais; atribuímos, portanto, ao contrário, a Deus todas as nossas

ações como primeira e única causa de tudo que fazemos e de tudo que produzimos.

[4] Em terceiro lugar, esse conhecimento, ao suscitar em nós o verdadeiro amor ao próximo, faz com que não tenhamos nunca ódio nem raiva; mas, ao contrário, o desejo de socorrer e melhorar o próximo, o que é próprio dos seres humanos que adquiriram a alta perfeição ou essência.

[5] Em quarto lugar, é útil ao bem público, pois, graças a essa doutrina, nenhum juiz favorecerá uma parte em detrimento da outra e, obrigado a punir um e a compensar o outro, fará com a intenção de socorrer ou melhorar tanto o primeiro quanto o segundo.

[6] Em quinto lugar, ela nos liberta da tristeza, do desespero, da inveja, do terror e de todas as más paixões que são o verdadeiro inferno.

[7] Em sexto lugar, nos leva a não temer a Deus, como fazem outras doutrinas, pela ideia de que o demônio, inventado por eles em sua imaginação, possa fazer algum mal. Na verdade, como podemos temer a Deus, o bem supremo e graças ao qual todas as coisas que têm essência são aquilo que são, e pela qual também nós somos? Nós, que vivemos nele.

[8] Finalmente, ela nos leva a atribuir tudo a Deus e de amar somente a Ele, porque Ele é o que existe de melhor e de mais perfeito e, assim, a sacrificar tudo somente por Ele. De fato, é nisso que consiste o verdadeiro culto a Deus, nossa salvação eterna e a nossa beatitude, sendo a única perfeição e o fim supremo de um escravo e de um instrumento designado para cumprir as funções a ele atribuídas. Por exemplo, quando um carpinteiro faz uso de um machado bem fabricado para cumprir sua finalidade e atingir a perfeição em seu trabalho. Se, porém, ele achasse que o machado não fosse muito bom e, por isso, deixasse-o em um canto e não o utilizasse para mais nada,

esse machado teria sido desvirtuado de sua finalidade e não seria mais um machado. [9] Assim o ser humano, sendo parte da Natureza, deve seguir as leis da Natureza, pois aí está o culto a Deus, e enquanto ele a segue, permanece na beatitude. E mesmo se Deus (por assim dizer) quisesse que os seres humanos não o servissem mais, isso seria como se Ele quisesse privá-los da beatitude e destruí-los, pois, tudo que são, consiste unicamente em servir a Deus.

Capítulo 19
Da felicidade eterna etc.

[1] Depois de termos mostrado a utilidade da crença verdadeira, tentaremos, como havíamos prometido, mostrar se o conhecimento que adquirimos do bem e do mal, do verdadeiro e do falso, e em geral da utilidade de tudo isso, pode nos conduzir à beatitude, ou o amor de Deus, que consiste, como revelamos, na nossa suprema felicidade eterna; e de que maneira podemos nos libertar das más paixões[29].

[2] Para tratar, antes de tudo, desse último ponto, isto é, da libertação das paixões, digo que, se elas não têm causas diversas das que já indicamos para ficarmos bastante seguros de não nos deixarmos desviar, devemos simplesmente fazer bom uso do nosso intelecto, o que é muito fácil[30], se conhecemos as medidas do verdadeiro e do falso.

[3] Que essas paixões não têm outras causas além daquelas que já indicamos é o que devemos demonstrar. Para esse propósito, parece-me necessário o estudo completo de nós mesmos, no que tange ao corpo e à mente.

Primeiramente, demonstramos que existe um corpo na Natureza, que nos impressiona pela sua constituição e pelas suas ações e do qual temos consciência. Procedemos assim, pois, tão logo vemos as ações do corpo e suas consequências, conhecemos a primeira e principal causa de todas as paixões e, consequentemente, o meio de anulá-las; e, assim, veremos, ao mesmo tempo, se isso é possível por meio da razão. Por último, trataremos de nosso amor a Deus.

[**4**] Não será difícil demonstrar que existe um corpo na Natureza, sabendo que Deus é e que coisa é. Definimos Deus como *um ente que tem número infinito de atributos, cada um dos quais é perfeito e infinito em seu gênero*. E como afirmamos que a extensão é um atributo infinito em seu gênero, ela deve necessariamente ser um atributo desse ser infinito; e, a partir do momento que demonstramos igualmente que *esse ente infinito é real*, segue-se que esse atributo também é real.

[**5**] Ademais, demonstramos que não existe e não pode haver nenhum ente fora da Natureza, que é infinita; é, portanto, evidente que as ações do corpo pelo qual percebemos, não podem vir de outra fonte que não seja a própria extensão, e não como pensam alguns a respeito de algum ente que teria *eminentemente* a extensão; ao contrário, como demonstramos no primeiro capítulo, não existe nada semelhante a tal ente.

[**6**] Devemos, contudo, sublinhar que todos os efeitos que vemos dependem necessariamente da extensão, como o movimento e o repouso devem ser referidos a esse atributo. Na realidade, se o poder que produz esses efeitos não estivesse na Natureza (ainda que nela possam se encontrar muitos outros atributos), eles não poderiam existir, já que para uma coisa qualquer dar certo efeito é necessário que exista nela uma coisa para dar esse efeito em questão, e não outra coisa. Por isso, o que dizemos da extensão, dizemos também do pensamento e de tudo que existe em geral.

[**7**] Sublinhamos, além disso, que nada ocorre em nós que não possamos ter consciência; consequentemente, se não encontramos nenhuma outra

coisa em nós mesmos exceto os efeitos da coisa pensante e da coisa extensa, podemos afirmar com segurança que não existe nenhuma outra coisa em nós.

Para compreender, então, claramente os efeitos desses dois atributos, começaremos a examiná-los separadamente e, depois, juntos e, igualmente, os efeitos de um e de outro.

[8] Se, portanto, consideramos a extensão isoladamente, não encontraremos nada além do movimento, do repouso e os efeitos que derivam deles. Esses dois[31] modos constituem o corpo de tal modo que não podem ser modificados, senão por si mesmos. Por exemplo, quando uma pedra jaz em repouso é impossível que seja movida apenas pela força do pensamento ou de qualquer outra coisa; pode apenas ser movida, por exemplo, pela intervenção de outra pedra com um movimento maior do que o repouso dela. Do mesmo modo, uma pedra em movimento não pode cessar seu movimento se encontra qualquer outra coisa que tenha um movimento menor do que o dela. Por consequência, nenhum modo de pensamento poderá produzir movimento ou repouso em um corpo.

[9] Então, no que percebemos em nós, pode acontecer que um corpo, que já tem seu movimento em uma direção, não tome, contudo, outra direção, como, por exemplo, quando estico meu braço, faço de um modo que seres animados, que têm seu próprio movimento, mudem de direção para se dirigirem onde está o meu braço; o que, na verdade, não ocorre sempre, mas depende dos seres animados, como será dito mais adiante.

A causa disso não é, nem pode ser, senão a seguinte: a mente, sendo a ideia do corpo, é de tal modo unida a ele, que juntos formam um todo.

[10] Quanto aos efeitos do outro atributo, ou seja, do pensamento, o principal é o concei-

to das coisas e, o segundo, o modo no qual o concebemos; temos amor, ódio etc. Esses efeitos, então, já que não implicam em nenhum modo de extensão, não podem ser atributos da extensão, mas somente do pensamento. Assim, a causa de todas as mudanças que se produzem nesses modos não deve, de fato, ser buscada na extensão, mas somente na coisa pensante. Podemos ver isso no amor, que se produz ou se destrói de acordo com o próprio conceito, que ocorre, como já dissemos, quando passamos a conhecer alguma coisa de mal no objeto ou quando conhecemos um objeto melhor.

[11] Se esses dois atributos agem um sobre o outro, um, portanto, sofre alguma paixão decorrente do outro, por exemplo, a determinação do movimento, que temos o poder de alterar na direção que queremos. A ação pela qual um dos atributos sofre em decorrência do outro é tal que, como já expusemos, a mente pode fazer com o corpo que os seres animados movam-se em determinado sentido ou em outro, mas como esses seres animados são movidos pelo corpo e podem ser determinados em sua direção, pode também acontecer que, sendo movidos pelo corpo para uma direção, ao serem movidos pela mente para outra direção, se produza em nós divergências, das quais temos conhecimento, sem ter consciência de sua causa, e que, ao contrário, nos são, em geral, bem conhecidas.

[12] Por outro lado, o poder de fazer mover os seres animados pode ser impedido na mente, seja porque o movimento desses seres é fraco demais, seja porque, ao contrário, é forte demais. Fraco demais, se pegamos muito pouco alimento, mas também quando eles empregam movimento exagerado e acabam por ficar, por conta do exagero, dispersos e enfraquecidos. Forte demais quando tomamos muito vinho ou outra bebida alcoólica e ficamos alegres ou embriagados e a nossa mente perde o poder de guiar nosso corpo.

[13] Depois de tratar da ação da mente no corpo, consideremos agora a ação do corpo na mente. Essa ação consiste, sobretudo, no fato de o corpo colocar a mente em condição de percepção, e assim também outros corpos, produzidos unicamente do movimento e do repouso, pois esses são os únicos modos de ação do corpo. Disso se segue que, fora dessa percepção, não se produz nada na mente que possa ser causado pelo corpo. [14] Como a primeira coisa que a mente aprende a conhecer é o corpo, a mente o ama acima de todas as coisas e está unida a ele. Vimos, porém, que a causa do amor, do ódio e da tristeza não dever ser buscada no corpo, mas na mente, uma vez que todas as ações do corpo derivam do repouso e do movimento; e, como vemos clara e distintamente que o amor por um objeto não é destruído a não ser por alguma coisa de melhor, é evidente que tão logo comecemos a amar Deus, pelo menos com conhecimento claro semelhante ao que temos do nosso corpo, nos uniremos a ele mais intimamente do que com o corpo; e somente então estaremos libertos do corpo. Digo "mais intimamente" porque já provamos anteriormente que sem Deus não podemos existir, nem ser concebidos, devido ao fato de que não podemos nem devemos conhecê-lo por nenhum outro meio, como acontece com os outros objetos. Que é assim já dissemos, de modo que conhecemos Deus melhor do que nós mesmos porque sem ele não poderíamos realmente nos conhecer.

[15] Pelo que foi dito até aqui é fácil deduzir quais são as principais causas das nossas paixões. Com relação ao corpo e suas manifestações, movimento e repouso, eles não podem produzir na mente nada além de fazer conhecer quantos são os objetos e, segundo a representação que buscam, seja do bem, seja do mal[32], a mente é afetada por eles de modo diferente; não é o corpo enquanto tal que produz esse efeito, pois nesse caso seria a causa principal das paixões, mas o

corpo enquanto objeto, como todas as outras coisas que produziriam efeito semelhante, se por acaso se apresentassem à mente da mesma maneira. [16] (Com isso não quero dizer que o amor, o ódio e a tristeza, que nascem da consideração das coisas imateriais, produzam os mesmos efeitos do amor, do ódio e da tristeza que nascem da consideração das coisas materiais. Na verdade, como diremos, têm efeitos absolutamente diferentes em razão da natureza do objeto, do qual a percepção faz nascer na mente que se trata de coisas imateriais.)

[17] Assim, para voltarmos ao que se discutia anteriormente, se uma coisa superior ao corpo se apresenta à mente, é certo que o corpo, então, não terá mais força de produzir os mesmos efeitos que produz no momento. Disso se segue que o corpo não somente não é a causa principal das paixões[33]; mas, também, que ainda que existisse qualquer outra coisa em nós além do que observamos que pudesse produzir as paixões das quais tratamos, esse outro objeto, contudo, não poderia agir na mente de outro modo mais do que já faz no momento o corpo.

Podemos, portanto, concluir com certeza que o amor, o ódio, a tristeza e as outras paixões são causados na mente de um modo, em um momento, e, de outro modo, em outro momento, segundo o tipo de conhecimento que ela tem das coisas. [18] Consequentemente, quando ela consegue conhecer o ente mais perfeito, será impossível que uma dessas paixões possa provocar nela o mínimo de tribulação que seja.

Capítulo 20
Demonstração do que se precedeu

[1] Com relação ao que dissemos no capítulo precedente, podem surgir algumas dificuldades. Em primeiro lugar, se o movimento não é

causa das paixões, como se pode conseguir eliminar a tristeza graças a meios exteriores como, por exemplo, o vinho?

[2] Sobre isso, pode-se responder que é preciso distinguir entre a percepção mental do objeto material e o juízo que a mente forma de imediato sobre esse objeto, se é bom ou mau[34]. Se, portanto, a mente encontra-se na condição que acabamos de dizer, demonstramos que ela tem de modo *mediado* a potência de mover os espíritos animais como quiser; mas esse poder pode ser retirado quando, por meio de outras causas provenientes do corpo em geral, esse equilíbrio estabelecido é destruído ou mudado, quando a mente percebe tal mudança, ela se entristece em razão da mudança ocorrida nos espíritos animais; a tristeza[35] é provocada pelo amor que a mente tem pelo corpo e pela união que tem com ele. Isso pode ser facilmente obtido pelo fato de se poder remediar essa tristeza de dois modos: ou com o restabelecimento dos espíritos animais em seu estado primitivo, vale dizer, por meio da libertação da dor ou, então, com a persuasão da mente por meio de bons motivos para não se preocupar mais com o corpo. O primeiro desses remédios é temporário e exposto a se repetir, o segundo é eterno, estável e inalterável.

[3] A segunda objeção pode ser a seguinte[36]: como a mente, mesmo sem nenhuma comunicação do corpo, pode, contudo, mudar o corpo dos espíritos animais de uma direção para outra, por que não poderia fazer que um corpo em repouso começasse a se mover? E, consequentemente, por que não poderia ela mesma se mover, a seu bel-prazer, todos os corpos que já possuem movimento próprio?

[4] Mas recordemos o que dissemos anteriormente sobre a coisa pensante e será fácil resolver essa dificuldade, isto é, que *embora a Natureza tenha diversos*

atributos, eles formam, entretanto, apenas um único e mesmo ente, no qual todos os atributos são afirmados. Afirmamos, assim, que em toda a Natureza existe uma única coisa pensante que se exprime em número infinito de ideias, correspondentes à infinita diversidade de objetos presentes na Natureza. Na verdade, sendo o corpo uma modalidade, por exemplo, o corpo de Pedro, e outro corpo, outra modalidade, por exemplo, o corpo de Paulo, existindo na coisa pensante duas ideias diferentes: a ideia de corpo de Pedro, que é a mente de Pedro, e a ideia de corpo de Paulo, que é a mente de Paulo. A coisa pensante pode mover o corpo de Pedro com a ideia do corpo de Pedro, mas não pela ideia do corpo de Paulo. Igualmente, também a mente de Paulo não pode mover senão seu próprio corpo e, não, outro, por exemplo, o de Pedro. Consequentemente, não pode tampouco mover uma pedra em repouso; na pedra corresponde, por sua vez, outra ideia na coisa pensante e, assim, pela razão precedente, nenhum corpo em completo repouso não pode jamais ser colocado em movimento de nenhum modo de pensamento[37].

[5] A terceira objeção pode ser a seguinte: cremos conceber claramente nossa faculdade de causar no corpo um estado de repouso. Quando colocamos nosso espírito animal em movimento por muito tempo, nos sentimos cansados, mas isso é tão somente a consciência do repouso que produzimos nos espíritos animais.

[6] A tal objeção respondemos ser verdade que, embora a mente seja a causa desse repouso, ela é, todavia, apenas uma causa indireta, pois não introduz imediatamente o repouso no movimento, mas somente por meio de outros corpos que ela iniciou o movimento, e que perdem necessariamente a mesma quantidade de movimento que comunicaram aos espíritos animais. Disso segue claramente que na Natureza não há senão uma única e mesma espécie de movimento.

Capítulo 21
Da razão

[1] Procuremos agora ver de onde vem o fato de ao vermos se uma coisa é boa ou má, às vezes, encontramos dentro de nós a força para fazer o bem e evitar o mal e, às vezes, não a encontramos. [2] Podemos compreender isso facilmente, revelando as causas que demos à opinião que, como vimos, é causa de todas as paixões. Dissemos que ela nasce ou *de ouvir dizer* ou *da experiência*. Quando temos uma potência em nós maior do que algo que vem do exterior, a razão pode ser a causa da destruição das opiniões[38] que temos somente por ouvir dizer, já que a razão não vem, como o ouvir dizer, de fora; isso não ocorre com as opiniões vindas da experiência. [3] De fato, o poder que tiramos de uma mesma coisa é sempre maior do que o que adquirimos por meio de uma segunda coisa, como demonstramos precedentemente ao distinguir a razão do intelecto claro, segundo o exemplo da regra de três. Temos maior potência ao compreender a proporcionalidade em si mesma do que a regra da proporção. Por esse motivo dissemos e repetimos que um amor é destruído por outro maior, pois não queremos nos referir ao desejo, que deriva do raciocínio.

Capítulo 22
Do verdadeiro conhecimento, a regeneração etc.

[1] Como a razão não tem força de julgar nossa felicidade, resta-nos buscar se, por meio do quarto e último tipo de conhecimento, podemos atingi-la. Dissemos que esse tipo de conhecimento não deriva de outro, mas decorre da manifestação imediata do objeto ao intelecto. Na realidade, se esse objeto é bom e magnífico, a mente une-se necessariamente a ele, como já dissemos do nosso corpo.

[2] Por consequência, esse conhecimento é necessariamente a causa do amor. Assim, se conhecemos Deus dessa maneira, unimo-nos necessariamente a Ele (dado que Ele não pode se manifestar, nem ser conhecido por nós, a não ser como magnífico e excelente). Nessa união, como dissemos, consiste e reside nossa felicidade. Não quero dizer com isso que podemos conhecê-lo tal como Ele é, mas, para se unir a Ele, basta conhecê-lo de certo modo. Na verdade, o conhecimento que temos do corpo é longe de ser um conhecimento perfeito e, entretanto, que união temos com ele, não é mesmo? Que amor, não é?

[3] Esse quarto tipo de conhecimento, o conhecimento de Deus, não surge, como dissemos, de um objeto intermediário, mas é imediato; disso resulta o que já dissemos anteriormente. Deus é a causa de todo conhecimento; é conhecido por si mesmo não por meio de outra coisa; e, finalmente, por essa razão a Natureza une-se a Ele de maneira que não podemos existir, nem ser concebidos sem Ele. Disso se segue que não podemos conhecê-lo, senão de imediato.

[4] Tentemos explicar essa união que temos com Deus por meio da Natureza e do amor.

Dissemos anteriormente que nenhum objeto na Natureza pode existir se não existir na mente uma ideia do próprio objeto[39] e, depois, que uma coisa sendo mais ou menos perfeita, a união dessa ideia com a coisa ou com Deus e seu efeito é mais ou menos perfeita. [5] Sendo a Natureza uma única substância, da qual a essência é infinita, todas as coisas estão unidas à Natureza em uma única unidade, ou seja, Deus.

E como o corpo é a primeira coisa que nossa mente apreende (pois, como dissemos, nenhum objeto pode estar na Natureza, do qual a ideia não esteja na coisa pensante, da qual a ideia é a mente desse objeto), esse objeto deve ser a causa primeira da ideia[40].

Mas, como nenhuma ideia pode parar no conhecimento do corpo sem passar imediatamente ao conhecimento dele, sem o qual, nem o corpo, nem sua ideia, poderiam existir muito menos ser conhecidos, uma vez adquirido esse conhecimento, ele se une ao corpo por meio do amor. [6] Essa união, e o que ela deve ser da ação da mente no corpo, deve ser mais bem compreendida. As ações, pelo conhecimento e pela afeição às coisas corporais, nascem em nós decorrentes de todos os efeitos que percebemos continuamente em nosso corpo, por inquietação de espíritos animais. Os efeitos, então, que decorrem dessa união devem ser incomparavelmente maiores e magníficos (quando nosso conhecimento e nosso amor tendem ao ente sem o qual não podemos existir, nem ser concebidos). Os efeitos devem, de fato, depender necessariamente da natureza das coisas com as quais se unem. [7] Quando percebemos esses efeitos, podemos nos dizer realmente regenerados. Nossa primeira geração aparece quando nos unimos a um corpo e, dessa união, nascem os efeitos e os movimentos dos espíritos animais; mas, a segunda geração, ocorre quando sentimos os efeitos, todos diferentes, do amor decorrente do conhecimento desse objeto incorpóreo.

Eles são diferentes um do outro como o incorpóreo do corpóreo e o espiritual do carnal. Essa união, com mais direito e mais verdade, deve ser chamada regeneração porque é somente dessa união e desse amor que se atinge a estabilidade eterna e imutável, como provaremos.

Capítulo 23
Da imortalidade da mente

[1] Se refletimos atentamente sobre o que é a mente, e de onde se originam nela a mudança e a

permanência, veremos facilmente se a mente é mortal ou imortal.

Dissemos que a mente é uma ideia na coisa pensante que nasce da realidade de uma coisa existente na Natureza. Consequentemente, conforme a coisa permaneça ou mude, a mente deve igualmente permanecer ou mudar.

Afirmamos, em seguida, que a mente pode unir-se com o corpo da qual é a ideia ou com Deus, sem o qual não pode existir, nem ser concebida. [2] Disso se seguem duas consequências: (1) Quando a mente se une somente ao corpo e ele perece, ela deve também perecer. Realmente, faltando o corpo, fundamento do seu amor, ela se aniquila com ele. (2) Quando, porém, a mente une-se a algo que permanece imutável, ela deve permanecer imutável. Ela mesma não pode se aniquilar, pois, como não pôde começar a existir por si mesma quando ainda não existia; agora que existe, não pode mudar ou perecer. Assim, somente o que constitui a causa de sua existência deve também (caso venha a se tornar nada) ser a causa de sua não existência, porque ela mesma terá mudado e perecido.

Capítulo 24
Do amor de Deus ao ser humano

[1] Acreditamos ter suficientemente demonstrado o que é nosso amor a Deus e a consequência que isso traz, isto é, nossa eternidade. Julgamos não ser necessário tratar de outras coisas como a felicidade em Deus, a tranquilidade da mente etc., porque é fácil ver, como pelo que já dissemos, em que elas consistem e o que é necessário dizer sobre elas.

[2] Resta-nos perguntar se, do mesmo modo que existe nosso amor a Deus, existe o amor de Deus por nós, isto é, se Deus ama, reciprocamente,

os seres humanos como os seres humanos o amam. Como dissemos que não há em Deus outros modos de pensamento a não ser os existentes nas criaturas, por consequência, não se pode dizer que Deus ama os seres humanos e muito menos que Ele ame aqueles que o amam, e odeia aqueles que o odeiam. Na verdade, dessa maneira, seria necessário pressupor que os seres humanos são capazes de fazer algo livre e independentemente da causa primeira, o que já provamos ser falso. Além disso, isso significaria atribuir a Deus grande mutabilidade se, sem antes amar, nem odiar, devesse começar a amar ou odiar, determinado ou influenciado por algo fora dele; o que seria o mesmo absurdo.

[**3**] Dizendo, porém, que Deus não ama os seres humanos, não queremos dizer que eles foram abandonados a si mesmos; mas, ao contrário, o ser humano, como tudo que existe, está em Deus, de maneira que Deus está em todas as coisas e, propriamente falando, não pode existir nenhum amor por nenhuma outra coisa senão por si mesma, pois tudo existe nele.

[**4**] Disso segue-se, ainda, que Deus não estabelece lei aos seres humanos para recompensá-los, se as obedecem, e puni-los, se as transgridem, ou, para ser mais claro, as leis de Deus, por sua natureza, não são passíveis de serem violadas. Na realidade, as regras colocadas por Deus na Natureza, segundo as quais todas as coisas nascem e perduram, se as queremos chamar de regras, não podem ser transgredidas; por exemplo, *o mais fraco deve ceder ao mais forte, nenhuma causa pode produzir mais do que possui em si mesma* e outras regras dessa natureza, que não começam nem podem ser modificadas e que tudo é submetido e subordinado a elas. [**5**] Resumindo, todas as leis que não podemos violar são verdadeiramente leis divinas, pelo fato de que tudo que vem a ser vem a ser não contra, mas segundo o decreto de Deus. Todas as leis, ao contrário, que podemos transgredir, são leis humanas, que

servem à felicidade dos seres humanos e não à prosperidade do tudo e, assim, podem comumente provocar a destruição de muitas coisas.

[6] Quando as leis da Natureza são mais potentes, as leis humanas são anuladas. As leis divinas, ao contrário, são o fim último pelas quais elas mesmas existem e não são subordinadas a nada, diferentemente das leis humanas. De fato, ainda que os seres humanos façam leis para sua felicidade e não tenham outro objetivo além de aumentarem sua felicidade, esse fim, contudo, (enquanto subordinado a outro fim, superior aos seres humanos, que os faz agir em certo modo porque são partes da Natureza) pode fazer com que as leis humanas colaborem com a imutabilidade das leis divinas, colocadas por Deus desde à eternidade, e concorram, assim, para a produção do todo. Por exemplo, as abelhas, trabalhando e observando a boa ordem que estabelecem, têm como fim armazenar alimento para sobreviver durante o inverno; o ser humano, superior às abelhas, ao mantê-las e vigiá-las, propõe-se a um fim bem diferente, isto é, de obter o mel.

Do mesmo modo, o ser humano, como cada coisa particular, não tem outra finalidade além de cuidar de sua essência finita; mas, como ele é, ao mesmo tempo, parte e instrumento de toda a Natureza, essa finalidade no ser humano não pode ser o fim último da Natureza, já que ela é infinita, e serve-se dele como um instrumento, como faz com todas as coisas.

[7] Isso é tudo com relação às leis estabelecidas por Deus. Quanto ao ser humano, digo o ser humano que usa bem o intelecto e é elevado ao conhecimento de Deus, ele percebe em si mesmo uma dupla lei, a causada da comunhão com Deus e a da comunhão com os modos da Natureza. [8] A primeira lei é necessária, a outra, não, porque no que tange à lei nascida da comunhão com Deus, que não pode jamais

cessar de estar em comunhão com Ele, o ser humano deve ter diante dos olhos a lei que o impele à necessidade de viver para Deus e com Deus. Da segunda, a lei que nasce da comunhão com os modos da Natureza, o ser humano pode libertar-se, já que pode isolar-se dos outros seres humanos.

[9] Uma vez estabelecida essa comunhão entre Deus e o ser humano, podemos nos permitir indagar como Deus se faz conhecer pelos seres humanos e se isso ocorre, ou pode ocorrer, por meio das palavras ou de modo imediato, sem nenhum intermediário.

[10] Com relação às palavras, respondemos que absolutamente não. Caso contrário, o ser humano conheceria o significado dessas palavras antes de elas serem manifestas. Por exemplo, se Deus tivesse dito aos hebreus, "Eu sou Javé, vosso Deus", eles já saberiam de antemão, sem que as palavras revelassem sua existência, e antes mesmo de poderem aprender por meio das palavras, que Ele era Deus. Na verdade, eles sabiam que aquela voz acompanhada, naquele momento, de trovões e raios não era Deus, mesmo que dissesse o contrário.

Isso que afirmamos com relação às palavras pode ser dito de todos os sinais exteriores, pois consideramos impossível que Deus se faça conhecer aos seres humanos por meio de sinais exteriores.

[11] Para obter tal conhecimento são necessários apenas o intelecto humano e a existência de Deus. Como o que deve conhecer Deus em nós é o intelecto, este é tão imediatamente unido a Ele, que não pode existir, nem ser concebido, sem Deus; nada pode ser mais restritamente ligado ao intelecto do que o próprio Deus. [12] Além disso, é impossível poder conhecer Deus por meio de outra coisa.

(1) Porque essa coisa deveria ser mais luzente do que Deus, o que seria contrário a tudo

que demonstramos claramente até aqui, isto é, que Deus é causa de nosso conhecimento e da existência das coisas particulares, as quais, sem Ele, não podem existir nem serem concebidas. (2) Porque não podemos jamais alcançar o conhecimento de Deus por meio de outra coisa, da qual a essência é necessariamente finita, mesmo que ela fosse mais conhecida. Não se poderia de uma coisa finita conhecer uma infinita e ilimitada. [13] Mesmo que víssemos na Natureza alguma ação ou obra com causa ignorada, seria impossível concluir que, para produzir esse efeito, seja necessária uma causa infinita e ilimitada. Como poderíamos saber se, para produzir esses efeitos, são necessárias várias causas ou basta apenas uma? Quem poderia dizê-lo? Por isso concluímos, com toda a razão, que para se fazer conhecer pelos seres humanos, Deus não pode, nem deve, servir-se de palavras e de milagres, nem de nenhuma outra coisa criada, mas somente de si mesmo.

Capítulo 25
Dos demônios

[1] Trataremos agora brevemente se existem ou não os demônios. Se o demônio é algo inteiramente contrário a Deus e que nada tem de Deus, confunde-se totalmente com o nada, como já dissemos.

[2] Se supomos, como alguns querem, que o demônio é algo pensante, incapaz de querer ou de fazer algum bem, e que se opõe a Deus em tudo que faz, é digno de pena; e, se as orações tivessem algum valor, seria preciso rezar por ele e por sua conversão.

[3] Mas nos perguntemos se um ser assim tão miserável poderia existir apenas um instante e veremos que isso é impossível. Na verdade, a duração de uma coisa provém da sua perfeição e, quanto

mais ela possui realidade e divindade, mais ela existe. O demônio, não tendo em si nenhum grau de perfeição, como poderia existir? Acrescentamos que a estabilidade ou duração do mundo na coisa pensante depende de seu amor a Deus e da sua união com Ele; e, como nos demônios supõe-se exatamente o contrário dessa união, não se pode admitir que eles existam.

[4] Não havendo nenhuma necessidade de se supor a existência dos demônios, por que os admitir? E, de fato, contrariamente a outros, não tivemos nenhuma necessidade de admitir a existência dos demônios para encontrar as causas do ódio, da inveja, da cólera e de paixões semelhantes; e explicamos sem utilizar nenhum tipo de ficção.

Capítulo 26
Da verdadeira liberdade

[1] No capítulo precedente, não apenas quisemos demonstrar que os demônios não existem, mas também que as verdadeiras causas (ou, melhor dizendo, aquilo que chamamos de pecado) que nos impedem de chegar à nossa perfeição estão em nós mesmos. [2] Já demonstramos como atingimos nossa beatitude e como aniquilamos as paixões, por meio da razão, graças ao quarto modo de conhecimento; não, como se costuma dizer, que a paixão deve ser previamente suspendida antes de se poder chegar ao conhecimento e, consequentemente, ao amor de Deus, como se o ignorante devesse começar a renunciar à ignorância, antes de poder adquirir ciência. Sendo apenas o conhecimento a verdadeira razão da destruição das paixões, e já mostramos isso suficientemente, sem a virtude, ou melhor, sem a orientação do intelecto, tudo fica claramente perdido; não podemos viver em paz e ficamos fora daquilo que nos é elementar. [3]

Por isso, quando também no intelecto, pela força do conhecimento e do amor de Deus, como afirmamos, não vem a paz eterna, mas uma paz passageira, é nosso dever buscá-la, pois ela é de tal natureza a que, quando usufruímos dela, não se quer trocá-la por mais nada no mundo.

[4] Desse modo, é um grande absurdo dizer, como fazem muitos teólogos, que se a vida eterna não fosse consequência de nosso amor a Deus, seria necessário buscar algo que fosse melhor do que Deus, o que é um absurdo, como se um peixe (que fora d'água não pode continuar a viver) dissesse querer sair da água para viver na terra, uma vez que não existe a vida eterna. Mas quem não conhece Deus poderia dizer ainda outras coisas.

[5] Vemos, assim, que para chegar à verdade do que dissemos sobre nosso bem e nossa paz, não temos outro princípio a buscar senão o que nos é útil, o que está enraizado em todas as coisas. Como já sabemos que na busca pela sensualidade, pela voluptuosidade e por outras coisas mundanas não está nossa salvação, mas nossa ruína, escolhemos como guia, portanto, o intelecto.

Mas como o intelecto não pode progredir sem estar antes unido ao conhecimento e ao amor de Deus é absolutamente necessário buscar, antes de tudo, Deus; e pelo que demonstramos, depois de termos reconhecido Deus como o melhor de todos os bens, somos obrigados a repousar e nos manter nele, fora do qual não pode haver paz; a nossa verdadeira liberdade consiste em estar e permanecer acorrentados nos grilhões afáveis de seu amor.

[6] Assim, vemos que o conhecimento por meio do raciocínio não é o nosso ápice, mas somente uma etapa por meio da qual nos elevamos ao fim desejado, ou espécie de espírito benéfico que, livre

de toda falsidade e toda fraude, nos remete ao bem supremo e nos convida a buscá-lo e a nos unirmos a ele; essa união é nossa salvação e beatitude supremas.

[7] Falta, portanto, para finalizar essa obra, explicar brevemente o que é e em que consiste a liberdade humana; para tanto, gostaria de expor as proposições seguintes de modo correto e demonstrado.

1) Quanto mais uma coisa tem ser, mais ela possui atividade e menos passividade, uma vez que é certo que o agente age por aquilo que possui, enquanto o paciente padece por aquilo que lhe falta.

2) Toda passividade que faz passar do ser ao não ser, ou do não ser ao ser, deve se mover de um agente externo e não interno, pois nenhuma coisa, considerada em si mesma, tem em si uma causa pela qual possa ser destruída quando existe e pela qual por si mesma poderia passar à existência quando não existe.

3) Tudo que não é produzido de causas externas não pode relacionar-se com elas e, consequentemente, não podem ser mudadas nem transformadas por elas. Das proposições 2 e 3 deriva a proposição 4.

4) Tudo que vem de uma causa imanente ou interna (que para mim é a mesma coisa) não pode ser destruído ou alterado, enquanto essa causa perdurar. Na verdade, a coisa, não podendo ser produzida por causas externas, não pode ser mudada por tais causas (terceira proposição); e como nenhuma coisa pode ser destruída a não ser por causas externas, não é possível que essa coisa produzida possa perecer enquanto persistir sua causa (segunda proposição).

5) A causa mais livre e que melhor se relaciona com Deus é a causa imanente. Na realidade, o efeito depende dessa causa de tal modo que, sem ela, ele não pode existir, nem ser concebido; e o efeito não está (segunda e terceira proposições) subme-

tido a nenhuma outra causa; ademais, está unido a essa causa de modo a formar, juntos, uma unidade.

[8] Vejamos agora o que se pode concluir das proposições precedentes.

1) Sendo a existência de Deus infinita, deve existir (primeira proposição) uma atividade infinita e uma negação infinita de toda passividade; e, consequentemente, conforme as coisas estejam na maior parte de sua essência unidas a Deus, elas terão mais ação e menos passividade; e elas estarão mais livres da mudança e da destruição.

2) O intelecto verdadeiro não pode jamais perecer porque (pela segunda proposição) não pode ter em si nenhuma causa de destruição. E como não é produzido por causas externas, mas por Deus, não pode produzir nenhuma mudança (pela terceira proposição). E como Deus o produziu imediatamente por meio de sua ação de causa interna, consequente e necessariamente o intelecto não pode perecer enquanto a causa permanece (pela quarta proposição); sendo a causa eterna, também é eterno o intelecto.

3) Todos os efeitos do intelecto, unidos a ele, são os de maior excelência e devem ser considerados acima de todas as coisas, já que os produtos internos de uma causa são os de maior excelência (pela quinta proposição) e, além disso, são necessariamente eternos, uma vez que sua causa é eterna.

4) Todos os efeitos que produzimos fora de nós são proporcionalmente perfeitos à capacidade de se unirem a nós, de maneira a formarmos, juntos, uma única e mesma natureza, pois, assim, tornam-se quase efeitos internos, como, por exemplo, se ensino ao próximo a amar os prazeres, as honrarias, a avareza, independentemente de eu amá-los ou não, é evidente que sofrerei também as consequências. Mas não é a mesma coisa, se meu único fim é o de gozar da

união com Deus, produzir em mim ideias verdadeiras e transmiti-las ao meu próximo. Na verdade, todos podemos ser igualmente partícipes desse bem, quando ele produz no próximo o mesmo desejo que em mim e faz com que sua vontade seja apenas uma com a minha, ou seja, formamos uma única e mesma natureza, convergindo sempre em tudo.

[9] De tudo que foi dito, é fácil compreender o que é a natureza humana[41], eu a defino como uma existência sólida que nosso intelecto adquire por sua união imediata com Deus, para produzir, em si, ideias e, fora de si, ações que estão em harmonia com sua natureza, sem que seus efeitos estejam submetidos a causas externas, que possam mudá-los ou transformá-los. Disso e do que foi dito anteriormente, vê-se quais coisas estão em nosso poder e quais estão sujeitas às causas externas. E prova-se também, de maneira diferente, a duração eterna do nosso intelecto e quais são os efeitos que é preciso considerar acima de todas as coisas.

[10] Falta-me, para concluir, dizer aos amigos a razão de eu escrever. Não se surpreendam excessivamente com essas novidades, pois vocês sabem que uma coisa não deixa de ser verdadeira pelo fato de não ser aceita pela maioria. E conhecendo a época em que vocês vivem, peço-lhes e imploro-lhes de tomarem precauções ao comunicarem essas ideias aos outros. Não quero dizer que vocês devam guardar isso apenas para vocês, mas somente que, se vocês iniciarem a expô-las, o único objetivo deve ser a salvação de nossos semelhantes; e, além disso, podem ter a certeza de que todo esforço não será em vão. Por último, se ao lerem essas ideias e surgirem algumas dúvidas, coisa que fatalmente acontecerá, peço-lhes de não tentar refutar sem ter refletido muito; se fizerem isso, tenho certeza de que gozarão dos frutos que vocês esperam desta árvore.

FIM

Apêndice

Apendice

Axiomas

1) A substância, por sua natureza, é anterior às próprias modificações (*modificationes*).

2) As coisas diferentes distinguem-se realmente ou modalmente.

3) As coisas realmente distintas têm diversos atributos, como o pensamento e a extensão, ou referem-se a diversos atributos, como o entendimento e o movimento, que, por sua vez, referem-se ao pensamento e à extensão.

4) As coisas que têm diferentes atributos ou pertencem a diferentes atributos não têm nada em comum.

5) Uma coisa que não tem nada em comum com outra não pode ser causa de sua existência.

6) O que é causa de si não pode ter limitado a si mesmo.

7) Aquilo pelo que as coisas se distinguem é, por sua natureza, anterior a elas.

Proposição I

Nenhuma substância real pode possuir um atributo que pertença a outra substância, ou (o que é a mesma coisa) não podem existir na Natureza duas substâncias que não sejam realmente distintas.

Demonstração

Se existem duas substâncias, elas são distintas e, (pelo axioma 2) distinguem-se ou realmente ou modalmente, mas não podem distinguir-se modalmente, pois, nesse caso, (axioma 7) os modos precederiam a substância, contrariamente ao axioma 1; é necessário, portanto, que se distingam realmente; desse modo, (pelo axioma 4) não podem ter nada em comum, como vimos.

Proposição II

Uma substância não pode ser causa da existência de outra substância.

Demonstração

Tal causa não tem nada em si que a torne capaz de tal efeito (pela proposição I), já que a diferença entre elas é real; por isso, (pelo axioma 5) uma não pode produzir a existência da outra.

Proposição III

Todo atributo ou substância é infinito por sua natureza e absolutamente perfeito em seu gênero.

Demonstração

Nenhuma substância (pela proposição II) pode ser produzida por outra. Assim, se ela existe realmente, é um atributo de Deus ou é causa de si mesma fora de Deus. No primeiro caso, ela é necessariamente infinita e perfeita em seu gênero, como todos os atributos de Deus. No segundo caso, é a mesma coisa, pois (pelo axioma 6) ela não pode limitar a si mesma.

Proposição IV

*A essência de toda substância pertence, por sua nature-
za, à existência e é impossível assentar no intelecto infinito a
ideia de essência de alguma substância que não exista realmente na Natureza.*

Demonstração

A verdadeira essência do objeto de uma ideia é
algo realmente distinto dessa ideia; e esse algo existe
realmente (pelo axioma 2) ou está inserido em outra
coisa que existe realmente e do qual se distingue modalmente e não realmente. Tais são as essências das
coisas que notamos ao nosso redor, no movimento
e no repouso, e que, quando existem, distinguem-se
da extensão modalmente e não realmente. Implicaria
contradição se a essência de uma substância estivesse
inserida em outra de modo a não poder distinguir-se
realmente de si mesma, contra a proposição I, e que
pudesse ser produzida pelo sujeito que a contém, contra a proposição II, e, ainda, que não fosse infinita por
sua natureza e sumamente perfeita em seu gênero,
contra a proposição III. Consequentemente, como sua
essência não pode estar inserida em nenhuma outra,
ela deve existir por si mesma.

Corolário

A Natureza é conhecida por si e não por meio de
outra coisa. Ela é constituída de um número infinito
de atributos, cada um de tal modo infinito ou perfeito
em seu gênero que a existência pertence à sua essência, sendo que fora dela não pode haver nenhuma essência
e nenhum ser; ela coincide absolutamente com a essência de Deus, único magnífico e bem-aventurado.

Da mente humana

[1] Como o ser humano é um ser criado, finito etc., o que ele possui de pensamento, que chamamos de mente, é necessariamente um modo do atributo que chamamos de pensamento, sem que nenhuma outra coisa dessa modificação pertença à sua essência, ao ponto que, se essa modificação é destruída, é destruída ao mesmo tempo a mente humana, enquanto o atributo do pensamento permanece inalterável. [2] Semelhantemente, o que o ser humano tem de extensão, que chamamos de corpo, é uma modificação de outro atributo, que chamamos de extensão, e, quando essa modificação é destruída, o corpo humano deixa de existir, enquanto o atributo de extensão permanece inalterável.

[3] Para bem compreender em que consiste essa modificação que chamamos mente e como ela se origina do corpo, e apenas do corpo depende sua alteração, o que para mim é a união entre a mente e corpo, é preciso dizer que, (1) a modificação mais imediata do atributo pensamento contém em si objetivamente a essência formal de todas as coisas, e isso porque se existisse algo de formal no qual a essência não fosse contida objetivamente nesse atributo, ele não poderia mais ser infinito e perfeito em seu gênero, contra a proposição III. [4] E como a Natureza ou Deus é o ser que possui infinitos atributos e que compreende em si a essência de todas as criaturas, deve necessariamente se produzir no pensamento uma ideia infinita que contém objetivamente em si a Natureza

como ela existe realmente. Por isso, no capítulo 9 da primeira parte, chamei a Ideia de criatura criada por Deus imediatamente, porque Ele tem objetivamente em si a essência formal de todas as coisas, sem privação ou excesso. Tal ideia é necessariamente única, já que todas as essências dos atributos e as essências das modificações contém nesses atributos apenas a essência de um único ser infinito.

[5] (2) Todas as outras modificações, como o amor, o desejo, a alegria etc., originam-se dessa modificação primeira e imediata, pois, se não os precedesse, não poderia existir o amor, nem o desejo, nem a alegria. [6] Disso se segue claramente que o amor natural presente em todas as coisas, para conservar o próprio corpo, quero dizer o modo, origina-se da ideia ou da essência objetiva desse corpo, tal qual como existe no atributo de pensamento. [7] Além disso, como da existência (ou essência objetiva) dessa ideia nada é requerido de fora do atributo de pensamento e do objeto (ou essência formal), é, portanto, certo o que dissemos, ou seja, que a ideia, ou essência objetiva, é a modificação mais[42] imediata do atributo de pensamento. Assim, nesse atributo não pode existir nenhuma outra modificação pertencente à essência da mente de um objeto qualquer, exceto a ideia que, de tal coisa realmente existente, deve existir necessariamente no atributo de pensamento; na verdade, tal ideia tem em si todas as outras modificações, tais como o amor, o desejo, a alegria etc. Portanto, como essa ideia procede da existência do objeto, segue-se que, destruído ou mudado o objeto, em razão dessa destruição e dessa mudança, a ideia deve ser ela mesma destruída e mudada, porque ela é essencialmente unida a seu objeto.

[8] Finalmente, se quisermos atribuir à essência da mente aquilo pela qual ela existe realmente, não se poderá encontrar nenhuma outra coisa no atributo e no objeto do qual tratamos. Entretanto,

nem um nem outro pertencem à essência da mente; na realidade, por um lado, o objeto não tem nada em comum com o pensamento, distingue-se dele realmente, por outro lado, com relação ao atributo, já demonstramos que não pode pertencer à essência da mente, que é ainda mais claro do que tudo que já dissemos; o atributo, como tal, não se une ao objeto, porque não pode mudar nem ser destruído mesmo quando o objeto muda e é destruído.

[9] Assim, a essência da mente consiste somente em ser uma ideia ou essência objetiva no atributo de pensamento, originando-se da essência de um objeto que existe realmente na Natureza. Digo "de um objeto que existe realmente" sem nenhum outro detalhe, para fazer compreender que não falo apenas de um modo da extensão, mas de um modo qualquer de todos os atributos infinitos que, como a extensão, tem uma mente.

[10] Para entender melhor essa definição é preciso retomar o que disse anteriormente a respeito dos atributos, isto é, que eles não se distinguem quanto à sua existência[43], sendo eles mesmos os sujeitos da própria existência, que as essências de cada modificação estão contidas nesses atributos e que esses atributos são atributos de um ser infinito. [11] Deve-se também notar que essas modificações, na medida em que não existem realmente, estão todas compreendidas, contudo, em seus atributos. E como não há nenhum tipo de diferença entre os atributos, maior do que entre as essências das modificações, não pode existir na ideia nenhuma particularidade, visto que essas modificações não existem na Natureza. Mas, se alguns desses modos adquirem uma existência particular e, assim, separam-se de seus atributos de certa maneira (pois, então, a existência particular que eles têm em seus atributos é o sujeito de sua essência), mostra-se, neste caso, uma particularidade na essência

dessas modificações e, consequentemente, também nas essências objetivas, que são compreendidas necessariamente no atributo de pensamento. [12] Essa é a razão pela qual, na definição de mente, utilizamos estes termos, isto é, que *a mente é uma ideia que nasce de um objeto que existe realmente na Natureza*. Por isso explicamos extensivamente o que é a mente em geral, procurando, com o que foi dito, não somente as ideias que nascem da existência das modificações corpóreas, mas também as que nascem da existência de cada modificação dos demais atributos.

[13] Como, porém, não temos o mesmo conhecimento dos demais atributos como temos da extensão, vejamos agora se, limitando-nos às modificações da extensão, podemos encontrar uma definição mais particular e mais adequada à essência das nossas mentes, já que esta é propriamente nossa argumentação.

[14] Suponhamos, como já demonstrado, que não possam existir na extensão outros modos senão o movimento e o repouso, e que cada corpo particular não seja nada além de certa proporção de movimento e repouso, de modo que, se na extensão existisse apenas movimento ou apenas repouso, não existiria nada de particular; disso, segue-se que no corpo humano não pode existir senão certa proporção particular de movimento e repouso. [15] A essência objetiva que, no atributo de pensamento, corresponde a essa proporção, é o que nós chamamos de mente do corpo. Ocorre que, quando uma dessas modificações, o movimento ou o repouso, muda para mais ou para menos, a ideia muda na mesma proporção; assim, por exemplo, se aumenta o repouso, diminui o movimento, temos dor ou tristeza que chamamos de frio; se, ao contrário, aumenta o movimento e diminui o repouso, temos a dor que chamamos de calor. [16] E, assim, quando os graus de movimento e repouso são iguais em todas as partes do corpo, mas uma tem mais movi-

mento ou repouso do que as outras, surge a diferença de sensação (de onde provém as dores diferentes que temos quando atingidos por uma ripa nos olhos ou nas mãos). E quando as causas externas que produzem tais mudanças diferem-se em si mesmas, e não têm o mesmo efeito, tem-se a diferença de sensação em uma mesma parte (de onde provém a diferença de sensação quando somos atingidos na mão por uma barra de ferro em vez de uma madeira). E, ainda, se a mudança que ocorre em certa parte é a causa de sua proporção originária de movimento e repouso, produz-se, então, aquela alegria que chamamos de tranquilidade, puro prazer e contentamento. [17] Finalmente, tendo explicado o que é a sensação, podemos facilmente ver como nasce a ideia reflexiva ou o conhecimento de nós mesmos, a experiência e a razão. E como a nossa mente está unida a Deus e é uma porção da Ideia infinita que nasce imediatamente de Deus, vê-se ainda mais nitidamente a origem do claro conhecimento e da imortalidade da mente. Mas por ora basta de tudo o que já foi dito.

Notas

Notas

[1] Advertência atribuída ao provável tradutor para o neerlandês, J. Bouwmeester. O *Breve tratado* foi publicado somente em 1862 por Van Vloten a partir de manuscritos encontrados em neerlandês, um do século XVII, outro do XVIII (reprodução do anterior). A versão original, escrita em latim, jamais foi encontrada. Espinosa, muito provavelmente, concluiu a redação do *Breve tratado* em 1661 [N.T.].

[2] Entende-se a natureza determinada de uma coisa, pela qual ela é o que é, e que de modo algum pode ser separada sem que a própria coisa seja aniquilada: pertence à natureza de uma montanha ter um vale, ou, é da natureza da montanha ter um vale, do qual a essência é eterna e imutável e sempre deve pertencer ao conceito de montanha, mesmo que ela não exista ou jamais tenha existido.

[3] Da definição de Deus que daremos no capítulo 2, com seus atributos infinitos e que podemos demonstrar a existência assim: tudo que concebemos pertencer clara e distintamente à natureza de uma coisa, podemos afirmar segundo a verdade daquela coisa: mas da natureza de um ser com atributos infinitos, pertence somente o atributo de existir. Logo. Seria falso dizer que isso é verdadeiro apenas enquanto ideia, não na coisa em si: pois a ideia não consiste materialmente no atributo do ser a quem pertence, de modo que aquilo que se afirma da ideia, não é nem da coisa, nem daquilo que se afirma sobre ela. Consequentemente, entre a ideia e seu ideado há grande diferença: e por isso que aquilo que se afirma da coisa, não se afirma da ideia e vice-versa.

[4] Ademais, dizer que a ideia é uma imaginação é totalmente falso, pois é impossível ter a ideia se o objeto não existe, como demonstrado. É verdade que uma vez obtida a ideia de uma coisa em particular, depois de tê-la ge-

neralizada em abstrato, formam-se em nosso intelecto muitos particulares, nos quais podemos acrescentar muitas outras propriedades abstratas de outros objetos. Mas isso seria impossível se não tivéssemos, antes de tudo, conhecido a coisa à qual pertencem tais propriedades abstratas. Assim, suponha que essa ideia seja uma imaginação, então todas as outras ideias* que temos devem ser imaginações. Se é assim, de onde vêm as distinções entre as ideias? Na verdade, não vemos alguma coisa cuja existência real seja impossível; tais como os animais mitológicos, que se formam da união de duas naturezas. Por exemplo: um animal que é ao mesmo tempo pássaro e cavalo, e outros seres desse tipo. Eles não existem na natureza tal como a vemos, seria impossível sua existência.

Há ainda uma terceira ideia, única e com existência necessária, e não apenas uma existência possível como as anteriores. Para elas era necessária a essência, não a existência, enquanto para essa de que falo, a terceira ideia, a existência é tão necessária quanto a essência, e uma não é nada sem a outra. Vejo, assim, que a verdade, a essência ou a existência de algo não depende de mim, pois, como demonstramos pela segunda classe de ideias, elas são o que são independentemente de mim, seja quanto à essência unicamente, seja quanto à essência e à existência juntas. Isso vale também e, principalmente, para a terceira ideia, que é a única de sua espécie. Não somente porque não depende de mim, mas propriamente, ao contrário, porque Deus deve ser o sujeito dessa ideia, pois, se Ele não existisse, não se poderia afirmar nada sobre Ele, enquanto posso sempre afirmar algo sobre os outros objetos, mesmo que não existam realmente; Deus deve ser o sujeito

---

* Outras ideias são possíveis, mas sua existência não é necessária, enquanto, ao contrário, é necessária sua essência, que existe ou não. A ideia de triângulo, por exemplo, ou a ideia de amor na mente, sem corpo etc., são ideias que, mesmo eu crendo que as tenha criado, sou obrigado a admitir que elas são e serão sempre as mesmas, mesmo que nem eu, nem qualquer outro ser humano tenha alguma vez pensado. Isso prova que não foram criadas por mim e que devem ter, fora de mim, um sujeito que não sou eu e sem o qual não posso existir.

de todas as outras coisas. Assim, ainda que evidente, como dissemos, a ideia de os atributos infinitos pertencerem a um ser perfeito não é uma imaginação, devemos acrescentar o que se segue: refletindo sobre a natureza, até aqui, não encontramos, senão, dois atributos que possam convir a esse ser infinitamente perfeito. Mas esses atributos não podem ser suficientes e estamos bem longe de afirmar que sejam os únicos que constituem o ser perfeito. Pelo contrário, encontramos em nós algo que prenuncia não somente diversos outros atributos, mas um número infinito de atributos infinitos que devem pertencer ao ser perfeito, para que Ele possa ser perfeito. (De onde vem, então, essa ideia de perfeição?) Não pode derivar desses dois, pois dois são apenas dois e não um número infinito. Então de onde? Não de mim seguramente: não posso dar o que não tenho. De outra coisa? Nesse caso, desses atributos infinitos, os quais se diz existir, mas sem dizer o que são. Dois, porém, já sabemos que são.

[5] Ou melhor, "porque ele conhece o que é próprio de Deus", já que esses atributos não são de Deus. É verdade que Deus, sem os atributos, não é Deus, mas também não é Deus pela virtude dos atributos. Deles, nada se conhece de substancial; são apenas *adjetivos*, que precisam do *substantivo* para ser esclarecidos.

[6] A causa de tal mudança deveria vir de fora dele ou estar nele. Não pode ser de fora, pois nenhuma substância, que existe por si, depende de algo exterior e não é, consequentemente, suscetível de mudança. E não está nele, porque nada, e ainda menos Ele, busca a própria perdição. Toda perdição provém do exterior.

[7] Como o nada não pode possuir atributo algum, o tudo deve possuir todos os atributos; e como o nada não tem atributos, pois é nada, aquilo que é algo, justamente por ser algo, tem atributos e, consequentemente, quanto mais um ser é algo, mais deve haver atributos. Portanto, Deus, o mais perfeito, o infinito, o tudo, deve, assim, ter todos os atributos infinitos e perfeitos possíveis.

[8] Se podemos provar que não podem existir substâncias finitas, toda substância deverá, portanto, pertencer ao Ser divino sem limites. Eis a demonstração: (1) Ela deve se limitar por si ou deve ser limitada por outra substância.

Não pode limitar-se por si mesma porque, sendo finita, deveria mudar toda a sua essência. Por outro lado, não pode ser limitada por outra substância, pois essa deve ser finita ou infinita; a primeira opção é impossível, logo, vale a segunda; e essa substância é Deus. Portanto, Deus deveria limitar a outra ou por falta de potência ou por falta da vontade. A primeira contraria a onipotência, a segunda, a bondade. (2) É claro, assim, que não pode existir uma substância finita, na medida em que deveria receber necessariamente algo do nada, o que é impossível. Onde estaria, na verdade, sua diferença de Deus? Não de Deus, porque Ele não tem nenhuma imperfeição nem é finito etc. De onde, então, senão do nada? Por essa razão, não existe outra substância senão a infinita. Segue-se que não podem existir duas substâncias infinitas da mesma natureza, pois nesse caso haveria necessariamente uma limitação. Além disso, uma substância não pode criar outra, pois teria a mesma propriedade da substância criada ou mais ou menos propriedade. Ora, a primeira hipótese é inválida, pois, desse modo, haveria duas substâncias iguais; e não é válida a segunda, porque uma delas seria finita; muito menos a terceira, porque do nada não pode sair algo. Ademais, se da substância finita pudesse ser produzida uma substância finita, a causa seria finita etc., e, portanto, uma substância não pode produzir outra. Disso se conclui que toda substância deve existir formalmente, pois se não existisse em ato, não poderia jamais vir a existir.

[9] No original, em neerlandês, natureza aparece com letra maiúscula. Toda vez que isso se repetir será mantido em letra maiúscula nesta tradução, já que implica uma questão filosófica fundamental para o pensamento de Espinosa [N.T.].

[10] Dizer que a natureza da coisa pedia e, portanto, não podia ser de outra maneira, não significa nada, pois a natureza de uma coisa não pode pedir nada se não existe. Vocês diriam que se pode ver o que pertence à natureza de uma coisa que não existe. Isso é verdade *quod ad existentiam* (com relação à existência), mas não *quod ad essentiam* (com relação à essência). E aqui aparece a diferença entre *criar* e *gerar*. *Criar* é colocar algo *quod ad essentiam et existentiam simul* (simultaneamente na essência e na existência), mas *gerar* é colocar algo *quod ad existentiam solum* (somente

na existência). E, por isso, agora na Natureza existe apenas geração e não criação. Se, portanto, Deus cria, cria na natureza da coisa com a própria coisa. Seria, assim, um Deus invejoso se, tendo poder, mas não vontade, tivesse criado a coisa de modo que ela não fosse harmônica com sua causa criadora, nem na essência nem na existência (*in essentia et essentiam*). De resto, por aquilo que chamamos de *criar*, não se pode propriamente dizer que tal fato tenha ocorrido; e servimo-nos dessa distinção entre *criar* e *gerar* apenas para demonstrar o que pode ser dito.

[11] Isto é: ao argumentarmos partindo da afirmação de que Deus é onisciente, não podem argumentar de outra maneira.

[12] Se existissem mais substâncias que não se referissem a um único ente, a união seria impossível: na verdade, vemos claramente que essas substâncias não têm nenhum elemento em comum entre si, como é evidente pelo pensamento e a extensão que compõem nosso ser.

[13] Ou seja, se nenhuma substância pode ser concebida senão como existente, e nenhuma existência, contudo, segue de sua essência, até que tal existência seja concebida como separada, resulta que ela não pode ser algo de separado, mas deve ser o atributo de outra coisa, vale dizer, do único ente onisciente. Ou ainda: toda substância é existente, mas nenhuma existência de certa substância, concebida por si mesma, descende de sua essência; consequentemente, nenhuma substância existente pode ser concebida de si mesma, mas deve pertencer a outra substância. Em outras palavras, concebendo com nosso intelecto o pensamento e a extensão substanciais, entendemos unicamente em sua essência, e não em sua existência, ou seja, não concebemos de modo que a existência pertença à essência. E, como demonstramos que tanto uma como a outra são atributos de Deus, segue que daí demonstramos sua existência *a priori*; *a posteriori* (somente pela extensão), por meio de seus modos, que devem necessariamente ter a mesma substância do sujeito.

[14] Na Natureza, isto é, na extensão substancial, já que dividir essa extensão é extinguir sua essência e sua natureza ao mesmo tempo, pois ela consiste, antes de tudo, em uma extensão infinita, ou em um tudo, o que é a mesma coisa. Mas, vocês objetariam: na verdade, não

existem partes na extensão antes de qualquer mudança? Nenhuma, respondo. Mas, vocês diriam que se há movimento na matéria, isso deve estar em uma parte da matéria e, não, no tudo, pois o tudo é infinito e não poderia mudar, já que nada está fora dele. Logo, o movimento dá-se na parte. Então, respondo: não há somente movimento, mas movimento e repouso juntos, e isso é no tudo e deve ser, pois, na extensão, não existe nenhuma parte. Vocês insistiriam, mais uma vez, dizendo que a extensão contém partes. Respondam-me, então, se ao dividir a extensão em si, vocês podem separar na natureza, as partes que vocês separam em seus intelectos. Supondo que façam, pergunto: o que está entre a parte separada e o resto? Vocês diriam estar um vazio ou outro corpo ou algo da própria extensão; não existe quarta hipótese. A primeira é impossível, pois não existe o vazio, enquanto positivo e que não seja corpo. Muito menos a segunda hipótese é possível, pois é um modo que não pode existir segundo a hipótese, já que a extensão, como extensão, existe primeiro e antes de todos os modos. Logo, sobra a terceira hipótese. Entretanto, não há parte alguma, mas a extensão inteira.

[15] Trecho interrompido no original sem sequência conhecida [N.T.].

[16] Chamamos de *próprios* porque não são *adjetivos*, os quais não podem ser compreendidos sem seus *substantivos*. Isto é, Deus, sem eles, não poderia ser Deus, embora não seja Deus graças a eles, pois não significam nada de substancial, nem são a causa de Deus existir.

[17] Quanto aos atributos de Deus, eles não são outra coisa senão substâncias infinitas, cada uma das quais deve ser infinitamente perfeita. Que é necessariamente assim, demonstramos com raciocínios claros e distintos. É verdade, contudo, que desses atributos conhecemos, até aqui, apenas dois, pela sua própria essência, isto é, pensamento e extensão. Além disso, todos os que são comumente atribuídos a Deus não são atributos, mas somente certos modos que podem ser afirmados dele, com relação a todos os atributos ou com relação a apenas um; no primeiro caso, se dirá que Deus é eterno, subsistente por si mesmo, infinito, causa de tudo, imutável; no segundo, que é onisciente, sábio etc. –

pensamento –, e como está por toda parte, preenche tudo etc. – extensão.

[18] Penso em Deus em si mesmo considerado no conjunto de seus atributos. Vide argumentos vistos anteriormente.

[19] O que se diz do movimento na matéria não se diz com certeza, porque o Autor julga ainda ter de encontrar a sua causa, como fez, em certo sentido, *a posteriori*; o que foi dito, porém, até aqui, pode ser mantido, pois nada é fundado ou depende dele.

[20] Em letra maiúscula, como no original em neerlandês [N.T.].

[21] (1) Nossa mente é uma substância ou um modo. Não é uma substância, porque provamos que não pode existir substância finita na Natureza; logo, é um modo. (2) Se é um modo, deve ser um modo da extensão substancial ou do pensamento substancial, mas não é um modo da extensão substancial porque etc.; logo, é do pensamento. (3) O pensamento substancial, não sendo finito, é infinito, perfeito em seu gênero e um atributo de Deus. (4) Um pensamento perfeito deve ter um conhecimento ou modo de pensamento de tudo e de cada coisa que realmente exista, tanto das substâncias quanto dos modos, sem exceção. (5) Dizemos "que realmente exista", pois não pretendemos tratar de um conhecimento ou ideia que tenha por objeto a Natureza de todos os seres em conjunto, na série de suas existências, abstração feita de suas existências particulares, mas somente do conhecimento ou ideia das coisas particulares, até que venham a existir. (6) Esse conhecimento, ideia etc. de cada coisa particular que realmente venha a existir é, dizemos, a mente de cada coisa particular. (7) Cada coisa particular que venha realmente a existir torna-se tal coisa por meio do movimento e do repouso e, assim, está na substância extensa em todos os modos que chamamos de corpos. (8) A diferença entre esses corpos consiste nas diferentes proporções de movimento e repouso, de modo que tal coisa é isso e, não, aquilo ou qualquer outra coisa. (9) Dessa proporção de movimento e repouso vem realmente a existir também o nosso corpo e, ela, como também em todas as outras coisas, deve estar na coisa pensante, onde reside um conhecimento ou ideia e, portanto, a ideia ou o conhecimento está na nossa mente. (10) Mas esse nosso corpo tinha outra proporção de mo-

vimento e repouso quando era criança não nascida e estará em outra proporção quando morrermos. Todavia, houve um antes e haverá um depois do conhecimento ou ideia do nosso corpo na coisa pensante, mas não a mesma, porque o corpo encontra-se ora em uma proporção de movimento e repouso, ora em outra. (11) Assim, para produzir na substância pensante uma ideia, um conhecimento ou um modo de pensamento como a nossa mente, é preciso um corpo qualquer (pois deveria, então, ser conhecido diferentemente de como é), mas um corpo que possui exatamente aquela proporção de movimento e repouso, e não outra, de tal ideia, conhecimento etc. (12) Se, portanto, existe tal corpo a conservar, por exemplo, a proporção de 1 a 3, ele será nosso corpo; e a mente que corresponderá a ele será nossa mente. Esse corpo poderá muito bem estar sujeito a mudanças incessantes, mas jamais ultrapassará os limites da proporção de 1 a 3; antes, a cada mudança corresponderá uma mudança equivalente na mente. (13) Essa mudança produzida em nós pela ação de outros corpos, agentes no nosso corpo, não ocorrerá sem que nossa mente, que está igualmente em perpétuo estado de mudança, torne-se consciente; é o que se chama de sensação. (14) Se os outros corpos, porém, agem sobre nosso corpo com tanta violência que a proporção de seu movimento de 1 a 3 não possa mais existir, então se tem a morte e o aniquilamento da mente, já que ela é a ideia ou conhecimento desse corpo dotado de tal proporção de movimento e repouso. (15) Como a mente é um modo na substância pensante, que pôde conhecê-la e amá-la tanto quanto a substância extensa, ela pôde, em virtude de sua união com a substância que sempre dura, tornar-se eterna em si mesma.

[22] Não se quer dizer que o espanto ocorra somente precedido de uma conclusão formal, mas também quando há a ausência de conclusão, como quando presumimos que a coisa não pode ser diferente daquela que estamos acostumados a acreditar por experiência ou por ouvir dizer. Assim, por exemplo, Aristóteles ao dizer que o cão é um animal que late, *Canis est animal latrans*, conclui que todo ser que late é um cão. Mas quando um camponês nomeia um cão, ele entende tacitamente a mesma coisa que Aristóteles com sua definição, de modo que, tão logo ouça um cão latir, diz: "é um cão". Consequentemente, o camponês, quando ouve

latir outro animal, embora não tendo feito qualquer reflexão, fica tão espantado quanto um pensador como Aristóteles. Ademais, quando percebemos um objeto sobre o qual não tínhamos pensado antes, não quer dizer, contudo, que não tínhamos já conhecido algo semelhante por completo ou em parte, porém não suficientemente semelhante a ponto de nos deixar impressionados da mesma maneira.

[23] A primeira definição é a melhor, pois tão logo se regozija de algo, cessa o desejo; e a paixão que está em nós de conservar algo não é um desejo; mas, na verdade, o temor de perder a coisa amada.

[24] A crença é uma convicção poderosa fundamentada em razões, em virtude das quais eu persuado meu intelecto que a coisa existe verdadeiramente e está fora do meu intelecto tal qual está no meu intelecto. Digo "uma convicção poderosa fundamentada em razões" para distingui-la da opinião, que é sempre duvidosa e sujeita ao erro, e também da ciência, que não consiste em uma convicção fundamentada em razões, mas em uma união imediata com a própria coisa. Digo, ademais, que "a coisa existe verdadeiramente e está fora do meu intelecto tal qual está no meu intelecto"; "existe verdadeiramente", pois, neste caso, as razões não podem enganar-me, caso contrário não haveria distinção da opinião; "tal qual", pois a crença pode mostrar-me apenas o que a coisa deve ser e não aquilo que é, caso contrário não haveria distinção da ciência; "fora", porque a crença torna-se inteligível não do que está em nós, mas daquilo que está fora de nós.

[25] Como não podemos ter uma ideia perfeita de nenhuma criatura em particular, a perfeição dessa ideia, ou seja, a questão se ela é realmente perfeita ou não, não pode ser deduzida a não ser de uma ideia perfeita, geral ou de um ente de razão, *ens rationis*.

[26] A vontade tomada como afirmação ou decisão distingue-se da crença verdadeira e se estende também àquilo que não é verdadeiramente bom, isso porque a crença não é suficientemente clara para mostrar que não pode ser de outro modo, como deveria ocorrer, ao contrário, com a crença verdadeira de onde surgem somente bons desejos. Por outro lado, a vontade distingui-se da opinião pelo fato de que, em certos casos, ela pode ser segura e infalível, enquanto

a opinião consiste somente em conjectura e suposição. Por isso, a vontade pode ser chamada de crença verdadeira, enquanto é capaz de certeza, e, de opinião, enquanto está sujeita ao erro.

[27] É claro que uma volição particular deve ter uma causa externa para existir; na verdade, a existência não pertence à sua essência e para existir requer, portanto, necessariamente a existência de alguma outra coisa. Diz-se que a causa eficiente de uma volição particular não é uma ideia, mas a própria vontade, e que ela não poderia existir fora do intelecto, de modo que a vontade, tomada em si de modo indeterminado e igualmente o intelecto não são entes de razão, mas entes reais. Respondo que, no que me diz respeito, se os considero atentamente, parece-me que se trata de noções gerais às quais não posso atribuir nenhuma realidade. Se consideramos que a volição seja uma modificação da vontade, como as ideias são modos do intelecto, consequentemente, o intelecto e a vontade seriam substâncias diferentes e realmente distintas, já que é a substância, não o modo, a ser modificada. Ao se admitir que a mente guie uma e outra substância, haverá então uma terceira substância. Todas essas coisas são tão confusas que é impossível ter uma ideia clara e distinta, já que como as ideias não estão na vontade, mas no intelecto, seguindo a regra na qual o modo de uma substância não se pode passar a outra, o amor não poderá nascer da vontade, pois querer alguma coisa da qual a ideia não esteja na mesma potência volitiva implica contradição. Dir-se-á que a vontade, por sua união com o intelecto pode perceber aquilo que o intelecto concebe e, por consequência, amá-lo. Todavia, perceber é também um modo do intelecto e não pode, consequentemente, estar na vontade, ainda que entre o intelecto e a vontade exista a mesma união que há entre a mente e o corpo. De fato, admitimos que a mente esteja unida ao corpo, como é comumente aceito pelas doutrinas filosóficas, entretanto, o corpo não sente e a mente não é extensa. Caso contrário, uma quimera, na qual concebemos duas substâncias, poderia se tornar uma única substância, o que é falso. E se dissermos ainda que é a mente que governa o intelecto e a vontade, isso é impossível de compreender, porque parece precisamente negar que a vontade é livre, o que é contraditório. Para terminar, já que não posso acrescentar tudo o que disse contra a hipótese

de uma substância criada, direi ainda brevemente que a liberdade da vontade não concorda de nenhum modo com a teoria da criação contínua; na verdade, Deus serve-se somente de uma única e mesma atividade para conservar uma coisa no ser e para criá-la, pois, de outro modo, ela não poderia existir nem mesmo um instante. Assim, então, nada pode ter uma vontade livre. Deve-se dizer, antes, que Deus criou a coisa assim como é; de fato, não tendo o poder de se conservar, muito menos ela terá a força de produzir um efeito por si mesma. Se, portanto, alguém dissesse que a mente tira a vontade de si mesma, eu perguntaria, por qual força isso acontece? Não, pela primeira, que não existe mais, nem pela de agora, já que ela não possui absolutamente nenhuma força pela qual possa existir ou durar o menor dos instantes, sendo continuamente criada. Uma vez que não existe nada que tenha a força de se conservar e de produzir alguma coisa, resta-nos concluir que Deus sozinho é e deve ser a causa eficiente de todas as coisas e que todo ato da vontade é determinado somente por Deus.

[28] Lendo as correspondências de Espinosa, tem-se uma ideia bastante clara das violentas reações que suscitou sua filosofia [N.T.].

[29] Todas as paixões que se opõem à reta razão (como mostramos anteriormente) nascem da opinião. Tudo que é bom ou mau nas paixões foi demonstrado na crença verdadeira. Mas nem um nem outro separadamente, nem um nem outro juntos são capazes de nos libertar. Somente o terceiro modo de conhecimento, ou seja, a crença verdadeira que pode nos tornar livres, e sem ela é impossível tornar-se livre como provaremos adiante. Além disso, não é disso que outros tanto falam e escrevem, ainda que em outros termos? Quem, de fato, não vê que se pode entender por opinião aquilo que se chama de pecado, a crença naquilo que se chama de lei e que pelo seu não cumprimento torna-se pecado, e que a crença verdadeira é a graça que nos liberta dos pecados?

[30] Quando temos conhecimento abrangente do bem e do mal, do verdadeiro e do falso, é impossível permanecermos sujeitos ao que causa a paixão; na verdade, se conhecemos o melhor e nos aproveitamos dele, o pior não tem nenhuma influência sobre nós.

[31] Dois modos, já que o repouso não é um puro nada.

[32] De onde vem, poder-se-ia perguntar, o fato de julgarmos tal objeto como sendo bom e tal outro como sendo mau? Resposta: como são os objetos que nos fazem ver o modo como os percebemos, ficamos impressionados com um objeto do modo diferente de outro. Os que, portanto, nos impressionam de modo mais comedido possível (em razão da proporção de movimento e repouso que os constituem) são os que mais agradam, enquanto são desagradáveis aqueles que mais se afastam dessa proporção. Disso decorre em nós toda variedade de sentimentos de que temos consciência e que frequentemente são produzidos em nós por objetos corpóreos que agem sobre nosso corpo e que chamamos de *impulsos*, como, por exemplo, se fazemos rir alguém aflito, oferecendo-lhe ou fazendo com que beba vinho etc., coisas que a mente percebe sem ser causa. Quando ela age, ao contrário, o tipo de contentamento que produz é de natureza bem diversa, pois, então, não é o corpo que age sobre o corpo, mas é a mente racional que se serve do corpo como um instrumento, e quanto mais age a mente, mais perfeito é o sentimento.

[33] Não é necessário sustentar que o corpo seja causa principal das paixões; qualquer outra substância poderia ser a causa, não de modo diferente, nem mais eficaz. De fato, não poderia diferenciar-se muito do corpo na Natureza, que varia de um extremo ao outro. De tal diversidade de objetos surge a mudança na mente.

[34] Ou seja, entre a consciência geral e a consciência relativa ao bem e ao mal da coisa.

[35] A tristeza no ser humano é causada pela opinião que um mal o atinge, isto é, a perda de um bem. Essa opinião faz com que os espíritos animais se precipitem ao redor do coração e, com a ajuda de outras partes, o constringem e o consolam, o que é o contrário do que ocorre com a alegria; a mente percebe essa opressão e se entristece. O que fazem, então, o remédio ou o vinho nessa circunstância? Afastam com sua ação os espíritos animais do coração, os dispersam para diversas partes; percebendo tal coisa, a mente alivia-se pelo fato da representação do mal ser evitada por meio dessa nova proporção entre repouso e movimento, efeito do vinho,

e ser substituída por outra que dá maior satisfação ao intelecto. Mas não pode se tratar de uma ação imediata do vinho na mente, é somente uma ação do vinho nos espíritos animais.

[36] Não há nenhuma dificuldade em compreender que um modo, ainda que infinitamente separado de outro modo por sua natureza, possa agir por si mesmo, pois é parte do mesmo todo e a mente jamais existiu sem o corpo, nem o corpo sem a mente. Desdobramos o tema assim: (1) Existe um ser perfeito. (2) Não podem existir duas substâncias. (3) Nenhuma substância pode ter um início. (4) Cada uma é infinita em seu gênero. (5) Deve existir também um atributo do pensar. (6) Não existe algo na Natureza que não seja uma ideia na coisa pensante, derivada de sua essência e de sua existência juntas. (7) Disso se segue. (8) Como a essência privada de existência concebe-se por meio do significado das coisas, a ideia da essência não pode ser considerada como algo de particular; mas pode existir como tal somente quando junto à essência dá-se a existência, porque existe um objeto que não existia antes. Por exemplo, se o muro inteiro é branco, não há nele nada de diferente, nem isso, nem aquilo etc. (9) Tal ideia, considerada antes de todas as outras, não pode ser nada além de uma ideia de tal coisa que, contudo, não se pode conhecer adequadamente, já que uma ideia assim considerada é apenas uma parte e não pode ter de si mesma e de seu objeto nenhuma consciência clara e distinta. Só pode ter a ideia pensante, somente ela é a Natureza inteira. De fato, uma parte considerada fora de seu todo não pode etc. (10) Entre a ideia e o objeto deve existir necessariamente uma união, dado que uma não pode existir sem a outra; na verdade, não existe algo que a ideia não esteja na coisa pensante e nenhuma ideia pode existir sem que a coisa deva também existir. Ademais, o objeto não pode mudar sem que mude a ideia e vice-versa; por isso, não há necessidade de um terceiro que uma mente e corpo. Deve-se, porém, observar que estamos falando das ideias que, sendo em Deus, referem-se necessariamente à existência e a essência das coisas e não das ideias nas quais as coisas se apresentando como existentes produzem em nós. Entre essas ideias existe uma grande diferença. Na realidade, as ideias que estão em Deus não nascem, como em nós, de um ou mais sentidos que, consequentemente, são afetadas pelas coisas unicamente de modo imperfeito,

mas da essência e da existência como elas são. Minha ideia, portanto, não é a sua, ainda que ela produza em nós uma única e mesma coisa.

[37] É claro que no ser humano, tão logo tenha começado a existir, não se encontram outras propriedades fora daquelas que já existiam primeiro na Natureza; e, como ele é composto necessariamente de um corpo do qual deve necessariamente ser uma ideia na coisa pensante e essa ideia deve ser necessariamente unida a um corpo, ousamos afirmar que a mente não é outra coisa senão a ideia de seu corpo na coisa pensante. No corpo há certa proporção de repouso e movimento que é habitualmente modificada pelos objetos externos, e nenhuma mudança pode ocorrer no corpo que não se produza também na ideia, de onde derivam as sensações (*idea reflexiva*). Digo, contudo, "certa proporção de repouso e movimento", pois nenhuma ação pode ocorrer no corpo sem que concorram esses dois elementos.

[38] Tanto faz utilizarmos aqui as palavras opiniões ou paixões, pois, já está obviamente claro que se não podemos vencer as paixões que nascem em nós da experiência por meio da razão, é porque são apenas uma alegria ou uma união momentânea com algo imaginado por nós como sendo bom; e, embora a razão mostre o que é bom, não produz prazer. O que nos faz ter prazer em nós mesmos não pode vir de algo que gozamos fora de nós, como mostra a razão. Assim, para vencer, deve ocorrer algo mais potente, por exemplo, a alegria ou a união momentânea com algo que se conhece melhor do que outro algo; neste caso, a vitória é sempre necessária. Além disso, a vitória ocorre pela experiência de um mal reconhecido como maior no final do que o bem que se apresenta no início. A experiência ensina que, depois do bem inicial, prevalecerá um mal maior; etc.

[39] Com isso, explica-se o que dissemos na primeira parte, que o intelecto infinito, chamado por nós de Filho de Deus, deve existir eternamente na Natureza. De fato, se Deus existe desde a eternidade, a sua ideia deve existir desde a eternidade na coisa pensante, isto é, em si mesmo, a ideia concorda objetivamente com Ele.

[40] Ou seja, nossa mente, enquanto ideia do corpo, traz dele sua essência; na verdade, é sua representação ou imagem, seja no todo, seja no particular, na coisa pensante.

[41] A escravidão de uma coisa consiste em ser submetida a uma causa externa; a liberdade, ao contrário, consiste em não ser submetida e liberta.

[42] Chamo de modificação mais imediata de um atributo um modo que não tem necessidade, para existir realmente, de nenhum outro modo do mesmo atributo.

[43] De fato, as coisas distinguem-se mediante aquilo que vem primeiro em sua natureza; mas tal essência das coisas vem antes da existência, logo.

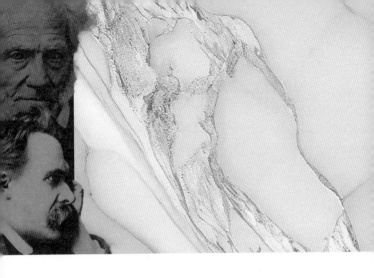

Veja outros livros do selo *Vozes de Bolso* pelo site

livrariavozes.com.br/colecoes/vozes-de-bolso

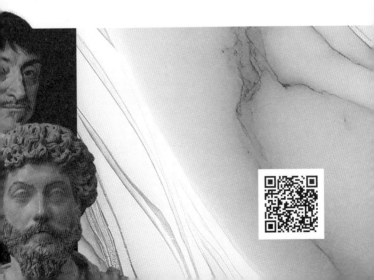

LEIA TAMBÉM:

VOZES DE BOLSO
Literatura

O *Selo Vozes de Bolso – Literatura* se propõe a trazer ao público um novo tipo de trabalho em torno de grandes clássicos da literatura mundial. São todos textos já enaltecidos pela nossa tradição; porém, com alguns "aditivos" que agregam valor e força aos mesmos.

Um dos diferenciais desse selo é que todos os livros passaram por um trabalho minucioso, feito pelo pós-doutor em Letras Leandro Garcia Rodrigues, que consistiu em retomar as primeiras edições de cada obra, cotejá-las com outras edições e, assim, eliminar eventuais erros que acabaram se repetindo nas mais diversas edições modernas.

Esse cuidado no estabelecimento do texto final torna as obras do *Selo Vozes de Bolso – Literatura* ideais, tanto para o leitor que quer apreciar um clássico da literatura pelo simples prazer da leitura quanto para pesquisadores da área e estudantes em geral – inclusive àqueles que estão estudando para vestibulares e concursos. Especialmente para esse público há no final de cada livro um texto que convida o leitor a entrar no universo do autor e da obra, contextualizando o momento em que ela foi escrita e ressaltando suas conexões culturais e ideológicas. Esse texto final traz, ainda, um diálogo com outras linguagens artísticas, ou seja, como essas obras inspiraram peças de teatro, filmes e outras formas de arte. Além disso, em algumas delas foram incluídos textos que enriquecerão a leitura crítica do respectivo livro, como, por exemplo, a crônica que Machado de Assis escreveu sobre *Iracema*.

Conecte-se conosco:

f facebook.com/editoravozes

◎ @editoravozes

𝕏 @editora_vozes

▶ youtube.com/editoravozes

◉ +55 24 2233-9033

www.vozes.com.br

Conheça nossas lojas:

www.livrariavozes.com.br

Belo Horizonte – Brasília – Campinas – Cuiabá – Curitiba
Fortaleza – Juiz de Fora – Petrópolis – Recife – São Paulo

EDITORA VOZES LTDA.
Rua Frei Luís, 100 – Centro – Cep 25689-900 – Petrópolis, RJ
Tel.: (24) 2233-9000 – E-mail: vendas@vozes.com.br